不安・苦手ゼロ！

人を使うのが上手な人のリーダー（上司）のワザ

THE LEADING TECHNIQUES OF PEOPLE
WHO HAS A TALENT FOR GENERALSHIP

黒川勇二
YUJI KUROKAWA

明日香出版社

はじめに

わたしは仕事柄、数多くのリーダー候補と接しておりますが、そこで気がつかされたことがあります。

それは、リーダーになるための基本を誰からも教わっていないため、うまく人を動かせないでいるということです。指示やミーティングの方法など、基本的なことをしっかりと身につければ、リーダーになったことがない人でも、立派に人を動かす力を発揮できると実感した出来事があります。

わたしの関与先での話です。

Yさんは来期より現場のリーダーをするよう、会社からいわれていました。会社は機械部品の製造業で、Yさんは入社して9年になります。最終の工程を担当していますが、長年、リーダーをしていた40代の上長が家庭の事情で急に退職することとなり、Yさんにリーダーの役がまわってきたわけです。

でもYさんは乗り気ではありませんでした。仕事は好きですし、もっと極めたいと思っていますが、どちらかといえば人を使うのは苦手です。ひとりでコツコツと仕事をしていたいというのが本当のところです。

とはいっても、担当の職場にはほかにリーダーにふさわしい人は見あたりません。1つ下の後輩はいまだにミスも多く、責任感に欠けますし、あとは60代の嘱託の人と女性のパートさんが5人です。ほかの部署を見わたしてもどこも人員に余裕はありませんから、次のリーダーは自分しかいないのです。

不本意ですし不安でしたが、仕方なくYさんはリーダーの役を引き受けることにしました。

Yさんが新しいリーダーになって半年が過ぎましたが、部署のメンバーからの評判はかんばしくありませんでした。

・業務が納期に追われて詰まってくると、とたんに怒りっぽくなる
・自分ばかりがひとり忙しくしていて、とりつくしまもない
・こちらの話をろくに聞いてもくれず、予定にない突然の仕事がやたら増えた

などなど、メンバーから不満がいっぱい出ていました。

Yさん自身も以前より仕事が楽しくなくなっていました。会社からはことあるごとに、「担当チームの仕事すべてがリーダーの仕事」といわれていて、どうすればいいのかよくわからないまま、半年が過ぎてしまった感じなのです。仕方なしにリーダーをやっているのが、誰が見てもわかるような状態でした。


そんな折に、現場のリーダークラスを集めて、わたしが研修をすることとなりました。はじめに行ったのは、「仕事の指示と確認の基本」です。

Yさんは「そんな基本的なこと、わかっていたつもり」だったみたいですが、実際に研修を受けてみたら目からうろこの内容で、「そうだったのか」と思ったようです。それをきっかけに何かをつかんだらしく、毎回の研修で会うたびに、Yさんは変わっていきました。

何よりも大きな変化は、人を動かしてする仕事が面白くなってきたことでした。それはミーティングの回数が以前より格段に増えたことからもうかがえました。メンバーからも「ずいぶん変わった」という声が聞かれるようになり、メンバーとの会話も増え、チームの数値実績も上がってきました。全員がまとまりだしたのです。会社からの評価もぐっと高まりました。

この当初のYさんのように、「仕事は好きだが、自分は人を使うのが苦手で向いていない。でもほかに誰もいないから、するしかない」と考え、人を使う仕事をしぶしぶやっているという人は多いのではないでしょうか。あるいは、人を使う立場にいるが人が思うように動いてくれず、悩んでいる人も多いと思います。

そのような人たちの悩みの一端をいくらかでも解消できないかと思い、この本を書きました。中身は小さな会社のリーダー、リーダー候補のためのノウハウ書です。

この本のリーダーとは、事務、作業、営業、販売など、さまざまな業務における「現場のまとめ役」としてのリーダーです。階層でいうと管理職の手前で、つまり会社で人を使って仕事をする最初の入り口にあたります。この本を読めば、その入り口に立つことができます。

「人を使うのが苦手」という人が、リーダーシップやマネジメントスキルの専門書を読んだだけでは残念ながら、そのような力はつかないでしょう。それらの専門書は、ある程度身につけた人がそういったスキルをより伸ばすために読むものなのです。

その意味でこの本は、それらの専門書の手前にあたります。この本で、人を使う基本とコツを学び、実践できるようになれば、それから本格的に、リーダーシップやマネジメントスキルの専門書を読まれることをおすすめします。

事例にあげたYさんが変わったのは、わたしの研修がうまかったからではありません。なんでもない基本の知識を知らなかった、そのために自信を持てなかったために、空回りしていただけなのです。研修はそのきっかけに過ぎませんでした。

この本に書かれていることは、わたしが現場で集めた、簡単であたり前のことばかり、誰でもできることばかりです。したがって、読み進めながらどんどん試してみること、まねてみることです。

そうすれば、あなたもいつのまにか、リーダーらしいリーダーになっているはずです。

人事コンサルタント　黒川勇二

◎目次――リーダー（上司）のワザ

第1章

《1つ目の道具》「指示」をする技術 編

第2章

《2つ目の道具》「ミーティング」の技術 編

第3章

《3つ目の道具》「ものの見方」を変える技術 編

第4章

《4つ目の道具》計画を立てる技術 編

第5章

《5つ目の道具》教える技術 編

第6章

《6つ目の道具》上司を動かす技術編

第7章

《7つ目の道具》チームをまとめる技術 編

◎カバーデザイン
萩原弦一郎（デジカル）
橋本雪　（デジカル）
◎本文イラスト
パント大吉

第1章

《1つ目の道具》「指示」をする技術 編

Tips
01 「指示」ができれば、リーダーの役目を果たせる

「指示」の仕方について、会社で教わることはありません。

しかし、入社してはじめてリーダーになったとき、指示の仕方に不安を感じた人も少なくないのではないでしょうか。あらためて基本を確認しておきたい技術の1つです。指示がきちんとできれば、リーダーという役割のたぶん半分くらいは務まるはずです。

おそらく指示が苦手と思っている人は、指示を命令と同じように考えているのでしょう。指示は命令のような絶対服従のイメージはありません。

指示は人が集まって仕事をする上で必要な**仕事の伝達方法**と考えましょう。伝達方法ですから、やり方を身につければ誰でもうまくできます。

会社の仕事は、大別すると2種類で、**「指示のない仕事」**と**「指示のある仕事」**です。リーダーになると、「指示を受ける」だけでなく、「指示をする」立場にもなります。あなたも仕事を成し遂げるために「指示を出す」ことになりますが、基本を学んで「いい指示」を身につけましょう。

▶ 01 会社の仕事は2つに分けられる

□指示は仕事の伝達方法の１つ

□会社の仕事は２種類

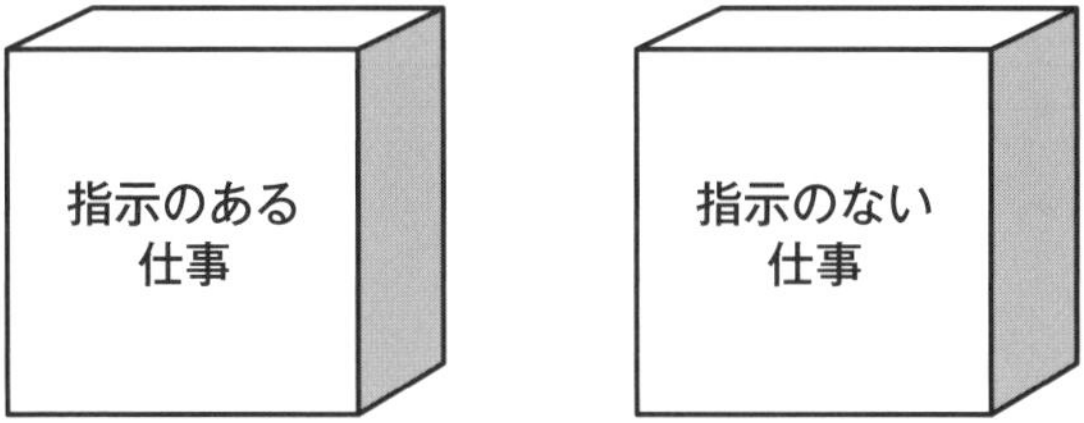

上司などの指示で行う仕事。
当然、指示の内容にそう必要がある。
その上で、それ以上のことをすることに価値がある。

決められたやり方などにしたがって、各人がそれぞれに行うもの。
ふだんの業務の多くはこれにあてはまる。

Tips 02

４つの内容を「指示」に盛り込む

指示を受ける立場になって考えるとわかることですが、指示には「いい指示」と「悪い指示」があります。

「いい指示の基本」を簡単にいうと、「具体的に指示する」ということにつきます。逆に悪い指示とは抽象的な指示、あいまいな指示のことです。

とくにはじめての部下やメンバーに指示するときは、「具体的な指示」を心がけなければなりません。

「具体的」とは、次の４つの内容をはっきりさせることをいいます。

①「相手先」を伝える
②「期限」を伝える
③「何をどのようにするか」を伝える
④「なぜ、そうするか」を伝える

リーダーの「指示の仕方」で、「仕事の出来」は随分と変わってしまうものです。指示には基本があることを頭に入れ、「いい指示」ができるようにしっかりマスターしましょう。

▶ 02 いい指示とは具体的な指示

□「具体的な指示」とは 次の4つの内容をはっきりさせること

1. **相手先** を伝える
2. **期限** を伝える
3. **何をどのようにするか** を伝える
4. **なぜ、そうするか** を伝える

いい指示ができるかどうかで、リーダーの成果は決まる！

Tips

03 必ず「相手先」を伝える

指示の基本（1）

「相手先」とは、その仕事の依頼主や提出先のことです。

たとえば、「○○商事向けの見積書に添付する比較データ表を明日までにつくっておいてくれ」という場合、「○○商事」がそうです。「来週月曜日の経営会議用の資料を金曜午前までに……」では「経営会議」が「相手先」です。

逆に「相手先」のない指示の例とは、「このデータから、売上とシェア率の比較グラフを至急つくっといてくれ」というようなことですが、「相手先」がなくともたいていはとくに問題なく処理できますので省略しがちです。

でも、ここをとり違えると、ダメージがとても大きくなることを肝に銘じておかないとなりません。なぜなら、**「相手先」がないと費やした時間がすべてムダになり、やり直しが効かず、仕事が間に合わなくなるかもしれないから**です。とくに新人には具体的な指示をすることです。

具体的な内容をきちっと示す習慣を持つことで、のちのち自分もチームも助かることになります。

▶ 03「相手先」は重要だ

□「相手先」とは次のようにとらえる

指示の内容		相手先
○○会議で使う資料の作成	➡	○○会議
○○商事への見積書の作成	➡	○○商事
○○様へ商品を至急納品	➡	○○様
第２倉庫の整理整頓	➡	第２倉庫
自部署の改善提案を５つ	➡	自部署

「相手先」を省略しがちだが、「相手先」が間違って伝わっていると、ダメージは大きい

「わかっているつもり」がトラブルを招く

新人には、「相手先を復唱させる」くらい、きっちりと伝え、教育しよう

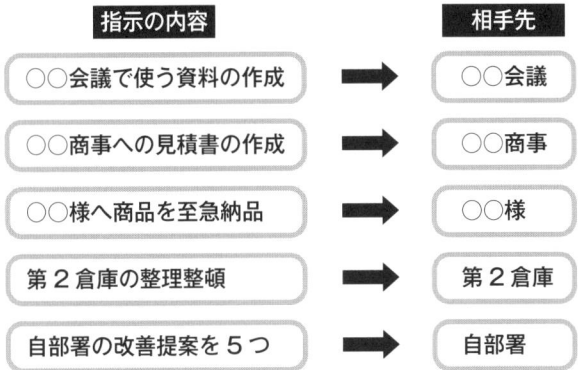

Tips 04

「期限」を伝える

指示の基本(2)

「期限」とは、「いつまでに」のことです。

「○○君、さっきの資料の件、早めにまとめておいてよ」

このような指示をよく耳にします。でも、少なくとも、リーダーとして力をつけたい人がすべき指示とはいえません。

このなかで何が問題なのでしょうか。それは「早めに」です。

「早めに」がいつくらいまでなのか、察して仕事を進めるのが「有能な部下」ではありません。これを勘違いしている上司は少なくありません。

「では、木曜の3時までに仕上げておけばよろしいでしょうか」と、確認するのが有能な部下なのです。

メンバーや部下を有能な人材に育てるためにも、まず上司が**「○日の○時までに」と明確に伝えることを実践し、「期限」をはっきりさせること**をチームの習慣にしなければなりません。

人が集まって仕事をする、会社という組織では大切なことなのです。

▶ 04「期限」をあいまいにしない

□どんな仕事にも期限を

さっきの資料の件、早めにまとめておいてくれ。

×

「早めに」がいつくらいまでのことかを察するのが、有能な部下ではありません。

○

「では、木曜の 3 時までに仕上げておけばよろしいでしょうか」と確認するのが有能な部下。

リーダーは期限をあいまいにしない!

↓

共通の意識

期限を明確にして仕事に取り組む

最初に間違った習慣や意識をつくると、あとで変えるのは難しくなる。

Tips

05

「何をどのようにするか」を伝える

指示の基本（3）

「何をどのように」は、仕事の中身のことですが、ここで大事なのは、仕事の**「最終のかたち」**です。指示した相手に求める「仕上がりの姿」です。

このように、「S社に提出する、わが社の商材のメリットをA４一枚に、箇条書きでまとめてくれ」

「仕上がりの姿」を明確に伝えることが大切です。自分が求めるものを的確に伝えることができるかどうかが、仕事の生産性を大きく左右し、リーダーの力量を決定することとなります。部下の教育のために「仕上がりの姿」をわざとハッキリと与えないようにしているという上司もいますが、できあがってからのやり直しは時間と労力、その他のコストの大きなムダだということを知っておくべきです。

ただし、仕事には「はじめはかたちがはっきりしないもの」も実際にはたくさんあります。ある程度できあがってからでないと本当にめざしているものか、適切なのかどうか、よくわからないというものは多いのです。

その場合、リーダーはメンバーと「仕上がりの姿」をすり合わせていくことが必要です。このことは次に説明します。

▶ 05 ゴールを確認しよう

□指示の中身で大切なのは「最終のかたち」

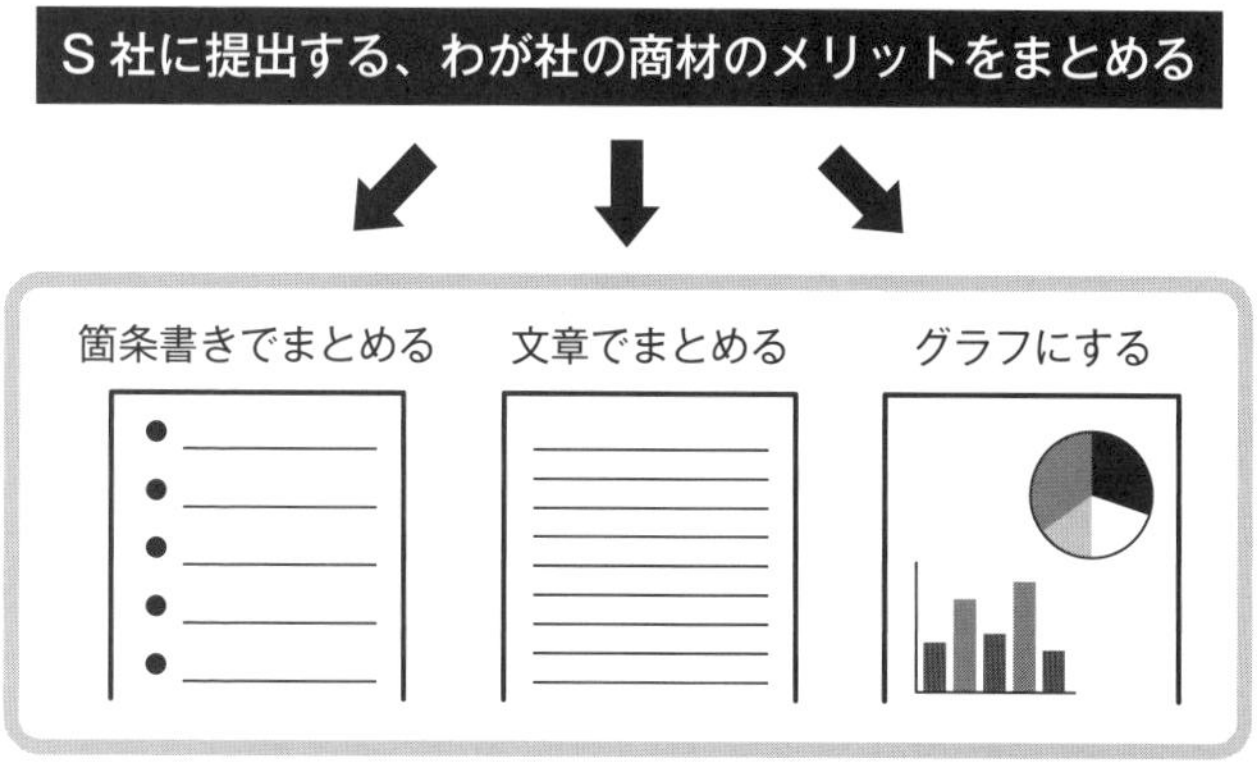

リーダーは「最終のかたち」のイメージを明確に持ち、メンバーと共有する習慣をつければ、チームの生産性は飛躍的に向上する！
ただし、仕事には、はじめは指示を出す側も「最終のかたち」がはっきりとは見えていないものがたくさんある。

Tips
06 「何をどのようにするか」のすり合わせ

すり合わせとは、とりかかってからの早い段階で、「○○さん、先日頼んだ分どうなっている？」とたずねて、どのような方向に進んでいるかの確認をすることと考えてください。確認することで、リーダーも自分のイメージをより明確にすることができますし、メンバーもリーダーの求めているものがわかってきます。双方で「仕上がりの姿」の共有化がはかれるようになるわけです。ここでもし、メンバーの方から「このような方向で進めてよろしいでしょうか」と、たずねてくれれば、リーダーの仕事はとても楽になるはずです。

メンバーをそのような戦力に育てるためにも、指示を出す側が「どうしたいか」のイメージをできるだけ早い時点でしっかりと持ち、メンバーと共有することが大切です。

それは、**「結果を相手任せにしない」**ということでもあります。

リーダーは、**「仕上がりの姿」のすみずみまで明確にし、絶対に必要なことは何か、妥協できないことは何かをはっきり持つ習慣をつけましょう。**「計画」のところで詳しくふれますが、実はリーダーシップとはこのことと深い関係にあるのです。

▶ 06「すり合わせ」を身につけよう

□すり合わせの習慣をつけていると…

と向こうから
たずねて来るようになる

□リーダーは仕上がりの結果を相手任せにしない

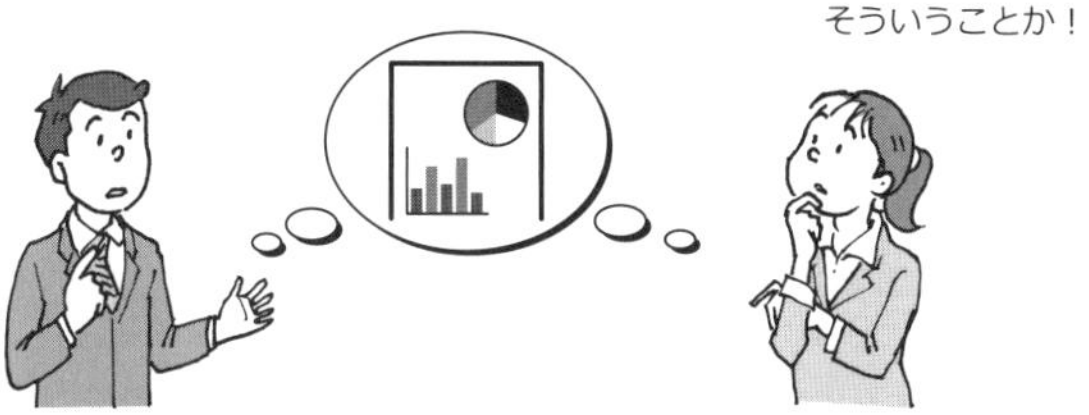

仕上がりの姿をしっかり持ち共有する

Tips 07

「なぜ、そうするか」を伝える

指示の基本（4）

はじめての仕事、難しい仕事、重要な仕事、長期の仕事、範囲の広い仕事を進めるとき、その仕事の必要性ややり方をメンバーに理解してもらうことが大切になります。

もちろん指示を受けた本人に能力があれば、そのような仕事でもやり遂げるでしょう。しかし、大切なのは、「気持ち」です。つまり、ゴールへたどり着こうとする意思、よりいい仕事をしようとする意欲があるかどうかです。**「なぜ、そうするか」を伝えることは、指示した内容を成し遂げるための相手への動機づけ**となるのです。

そもそも仕事は、やらされていると感じている間は大した仕事はできません。毎日のルーチンワークならある程度は惰性でできるかもしれませんが、その仕事が複雑で難しくなればなるほど、他人ごとでは許されなくなります。「自分がやらないと」と思わなければいい仕事にはつながりません。

「指示されたからする」のではなく、「その仕事がこのように必要だからする」というように感じてもらうために、リーダーは伝え方を間違えないようにしましょう。

▶ 07「指示の理由」がやる気にさせる

□指示するとき「理由」もつけたい仕事

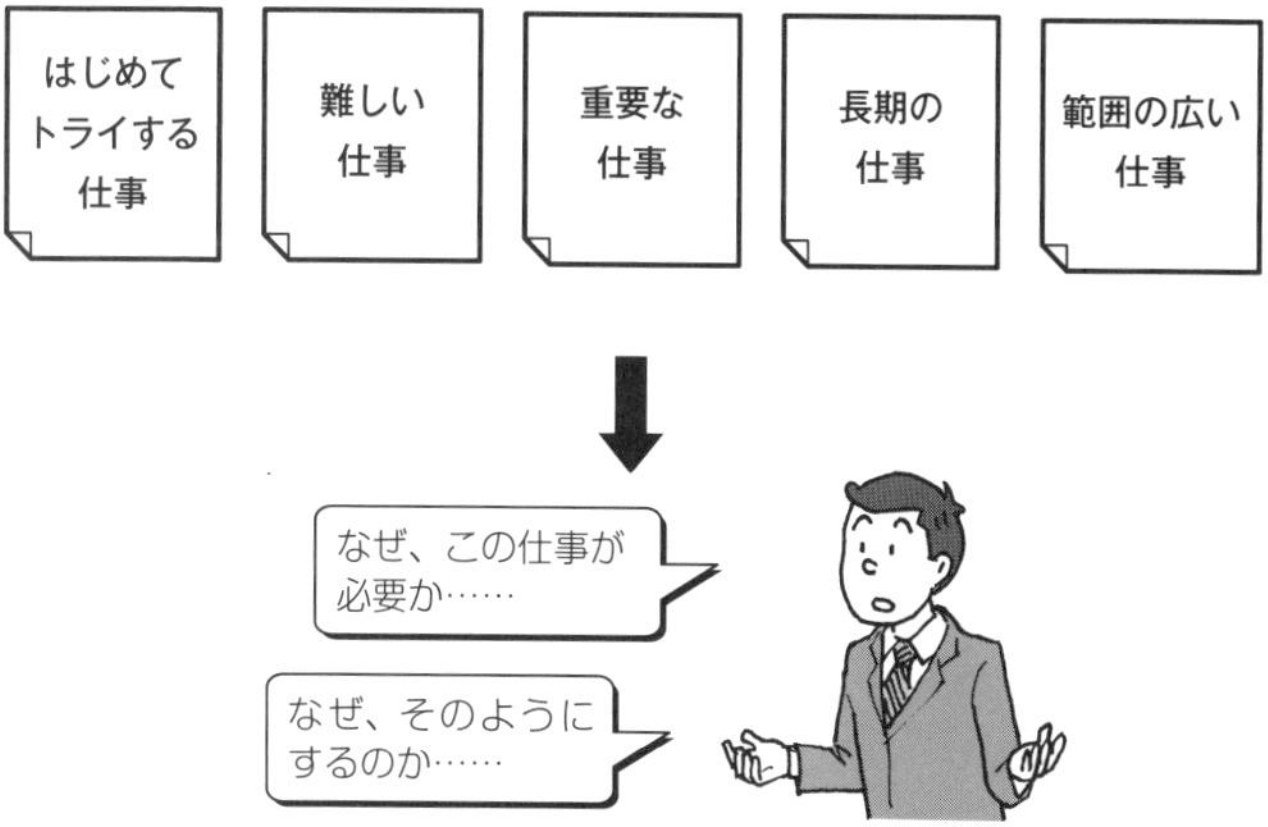

成功させるためには、「指示の理由」を伝えることが大切！

「指示の理由」を伝えたら…

メンバーの姿勢が「受け身」から「自発的」に変わる！

Tips
08
「なぜ、そうするか」の4つの切り口

「なぜ、そうするか」をうまく伝えるには、次の4つの切り口を覚えておきましょう。

①仕事の「最終ゴール」を伝える

この仕事のあなたのゴールはどこで、それはどこにつながり、その最終ゴールはどこか。

②仕事の「全体像」を伝える

この仕事は、全体のどの部分か。

③仕事の「影響度」を伝える

この仕事が、遅れたり、間違ったり、やらなかったりするとどうなるか。たとえば誰が困り、会社全体にどう影響するか。

④仕事の「メリット」を伝える

この仕事がうまくいけば、どのようなメリットがあるか。たとえばお客さまとの今後の関係が円滑にまわるようになるなど。

これらがわかれば、リーダーの指示が単なる思いつきでないことがわかりますし、納得して「○○までに、そのようにしなければ」などと自分で考えてくれるはずです。

▶ 08「指示の理由」の4つの切り口

□メンバーをその気にさせる4つの切り口

1. 仕事の最終ゴールを伝える

あなたの仕事はここまでだが、それは最終ゴールまでの大きな一歩だ！

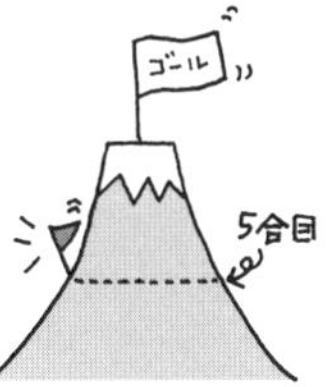

2. 仕事の全体を伝える

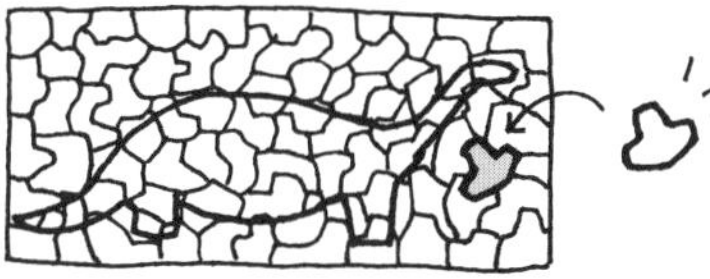

あなたの仕事はこのワンピースだ。このワンピースがなければ完成しない！

3. 仕事の影響度を伝える

この仕事が間に合わないと営業はお手上げだぁ！

4. 仕事のメリットを伝える

その確実な仕事のくり返しが長期的な信頼につながる！

Tips

09

指示が苦手なら、「習慣」をつくる

指示の基本(5)

指示の仕方以前に、指示をすること自体が苦手で、指示をあまり出さないリーダーも多いと思います。なんでもすぐに「自分で動いてしまう人」にその傾向があります。

このような人はまず指示を出す習慣をつくり、慣れることです。慣れないとうまくなりませんし、意識して機会をつくらないと、次第に出す回数が減ってしまいます。そうすると、よけいに苦手意識を持つことになり、ますます指示を出さなくなるといった、悪循環に陥りかねません。

まず、**一日一度は必ず部下やメンバーに指示を出すことを習慣にすること**です。今日することがよくわかっていることでも、朝礼などの場であえていい渡すのです。

「必要ないから」といって指示を出さないでいると、必要なときに出しにくくなるものです。「それほど必要ない」と思っても、確認のために出すようにして、毎日一度は指示を出すような習慣を持つことが大切です。

このようなステップを乗り越えるきっかけは待っていても来ません。自分でつくらないとならないのです。

▶ 09「指示」に慣れよう

□「指示を出さない人」は「自分で動いてしまう人」

指示に慣れることが大事

自分で動かず、
指示を出すことを考える

そうだ！
やらせてみよう。

□1日1度は指示を出す機会をつくる

○○さんは、午前中は材料の整理を中心に。昼前が入荷のピークとなるので、溜めないよう。△△さんは、11時まで○○さんの応援を。それから…

朝礼などを使って、わかっていることであってもあえて指示を伝えよう。

指示の基本（6）

Tips 10

指示は小出しにしない

リーダーは、いかにメンバーをその気にさせるかです。どんな仕事でも、自分のこととして考えてするようにならないと、質の高い仕事や成果は期待できません。それは、「指示の仕方」にかかっているといっても過言ではありません。

よく指示を小出しにする上司がいますが、そのような指示だとうまくいかないでしょう。仕事を知らない新人ならともかく、ただいわれた通りに作業をすることになり、面白いはずがありません。なぜなら、仕事全体のどこを任されたのか、次に何をするのかがわからなければ、仕事の進め方を自分で工夫する余地をとりあげられてしまったも同然だからです。

指示は一度にまとめて出し、ゴールを示し、進み具合を適度に確認するのが基本です。

このように指示をまとめて出し、任せてしまえば、受けた方は自分のスケジュールをやり繰りできますし、目的にかなったものを自分なりに考えて作成するはずです。

もちろん、相手の力量に合わせて指示する必要はありますが、心配なら「○○ができた時点で、見せに来るように」などといっておけば、理解度の確認や方向の修正もできます。

▶ 10 仕事が面白くなる指示とは

□小出しの「指示」ではメンバーが疲弊する

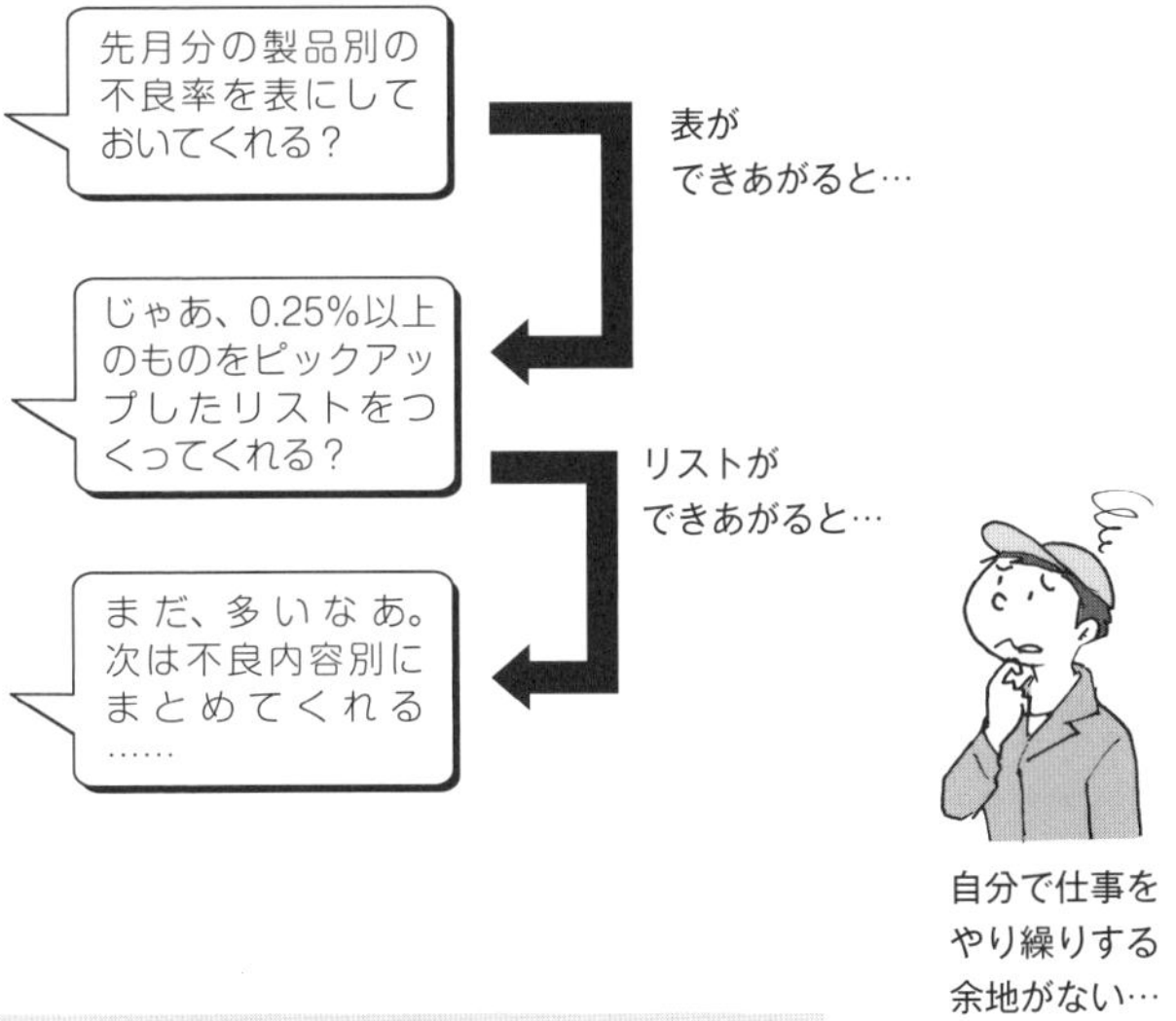
先月分の製品別の不良率を表にしておいてくれる?
表ができあがると…
じゃあ、0.25%以上のものをピックアップしたリストをつくってくれる?
リストができあがると…
まだ、多いなあ。次は不良内容別にまとめてくれる……
自分で仕事をやり繰りする余地がない…

□仕事が面白くなる指示 3つのポイント

① 一度にまとめて出す
② ゴールを示す
③ 進み具合を確認する
こうしてみようと思うのですが……

Tips

11 言葉の共通認識で指示が楽になる

指示の基本（7）

一般的に新人にはこと細かに指示をしますが、熟練するにしたがって、ざっくりとした指示になります。たとえば、「○○君、△△商事の見積書を明日までにあげておいてくれ」など、見積書の細かなことまでいわなくとも、大丈夫なわけです。

これを**包括的指示**といいますが、これは**指示を出す側と受ける側との間に仕事に対して共通の認識があるから**できるのです。「△△商事の見積書」といえばこういうものだという、想定するイメージが双方で同じなのです。

職場がこのようになれば、リーダーはとても楽です。この包括的指示を組み入れて使っていけば、高度で複雑な仕事を任せられるようになります。

ただし、共通の認識ができていない状態での包括的指示はたいへん危険です。こうして生産性が悪くなっている部署やチームは、意外に多いように感じます。

チームが共通の認識を持つようになるためには、はじめが肝心です。リーダーは、「何をいつまでにどのようにするか」「なぜしなければならないか」を具体的に示し、小出しにせず、一度に伝えるという指示の基本を根気よく繰り返し行うことです。

▶ 11 仕事がツーカーな職場

□言葉の共通認識で指示をする

いつまでもこと細かな指示を出さなければならないとすると、リーダーはたいへんだ！

了解です！
○○さん、△△商事の見積書を明日までにあげておいて

ベテランになると、ざっくりとした「包括的指示」が中心に。

チームの共通認識

職場に仕事の共通認識ができれば、リーダーは楽になる

Tips

12 自分でやらない「思いきり」を持つ

指示の基本（8）

仕事をメンバーにいつまでたっても任せられない人がときどきいます。人に任せることに不安を感じる人などです。

でも、リーダーをするからには、この壁をなんとしてでも乗り越えてもらわないとなりません。なぜなら、メンバーを自分に置き換えて、自分から見た「いい上司」を考えてみるとよくわかります。**いつまでたっても仕事を任せてくれないリーダーだと、あなたは文句をいうに違いありません。**

では、「任せる」壁を乗り越える方法を紹介しましょう。

まず、なぜ任せられないのか、その理由をつかみます。

「自分でなんでもやらないと気がすまない」とか、「他人がやった仕事に責任を持ちたくない」とかそういう理由でしたら、思いきって「考え方」を変えないとなりません。変えるべきことは2つあります。

1つは、「仕事の見方」を変えること、もう1つは、「気持ちのきり換え」です。

▶ 12 なんでも自分でしてしまう人

□壁を乗り越える

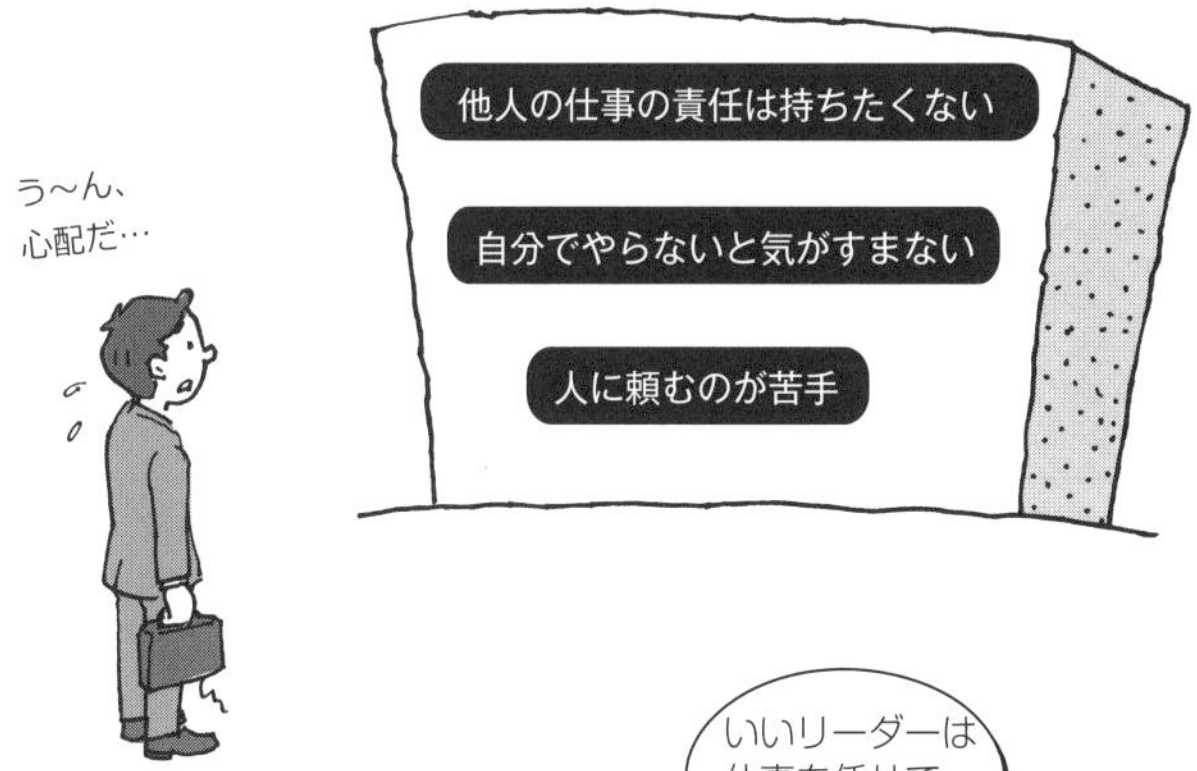
う〜ん、
心配だ…
他人の仕事の責任は持ちたくない
自分でやらないと気がすまない
人に頼むのが苦手

いいリーダーは
仕事を任せて
くれる

□壁を乗り越える２つの方法

①
「指示の技術」
を身につける

②
「考え方」
を変える

→ 仕事の見方を変える

→ 気持ちを切り換える

Tips
13
「仕事の見方」を変える

人に仕事を任せやすくするために、仕事のとらえ方やあつかい方を変える必要があります。

まず自分の担当する範囲の仕事を書き出してみます。たとえば、受注業務や在庫管理業務などがあがるとします。ここであがった業務は、一連のいくつかの作業が組み合わさって、1つの業務となっていることが多いと思います。受注業務といえば、受注の電話を受け、在庫確認をして、納期返答や受注伝票を発行したりするわけです。

このように、仕事にはまとまりによって単位がありますので、リーダーはチームの仕事をばくぜんととらえるだけではいけません。仕事をこのような単位ごとに見て、**担当範囲の仕事がどのような構成になっているかをイメージすることが大切**なのです。

仕事を単位であつかうことで、単位ごとに仕事を任せやすくなります。さらに、仕事の単位をチームで共有することで、何をどこまで任せたかなど、リーダーとメンバーとでいき違いを少なくすることができます。

つまり、指示を出しやすくする環境ができるわけです。

▶ 13「仕事の見方」を変えれば任せやすくなる

□「仕事のまとまり」を考えてみる

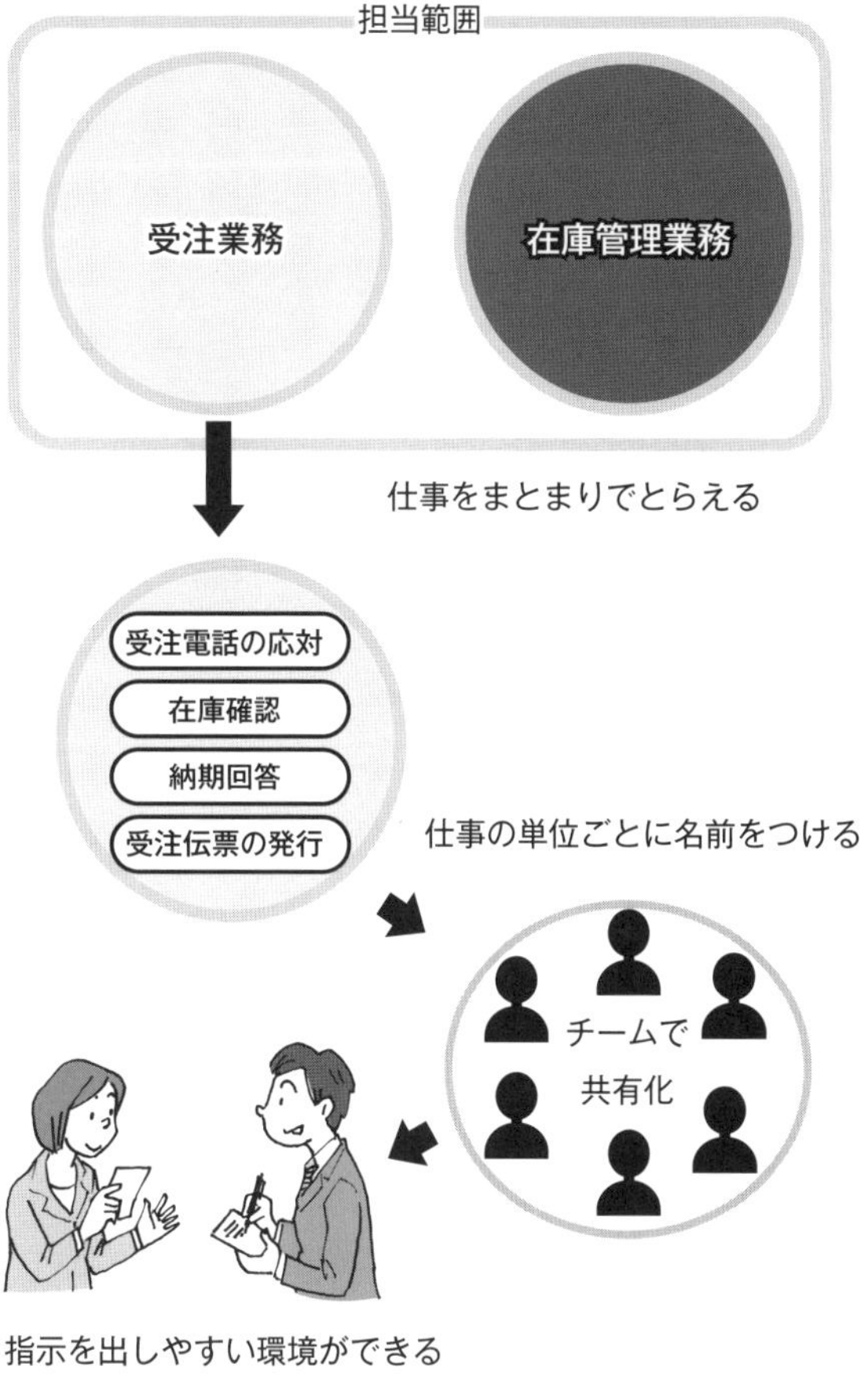
担当範囲
受注業務
在庫管理業務
仕事をまとまりでとらえる
受注電話の応対
在庫確認
納期回答
受注伝票の発行
仕事の単位ごとに名前をつける
チームで
共有化
指示を出しやすい環境ができる

Tips 14

気持ちをきり換える

もう1つの変えることは「気持ち」です。「気持ち」のきり換えです。

まず、任せようとする○○業務のポイントは何かを考えてみます。たとえば、受注業務だと「納期返答の微妙な判断」だったりするわけですが、そう考えると、「とても任せるわけにはいかない」と思ったりします。このような理由はよくわかります。

ただ、この理由だと、あなたはおそらくいつまでたっても他の人に任せられません。

これからは、自分の仕事をできるだけ任せることを前提に考えてみます。そして、いろいろな場面を考えれば、今度は「任せる理由」が見えてきたりします。

たとえば、あなたが急きょ休まなければならないとき、どうでしょうか。また、あなた自身がこの仕事を覚えた最初のころはどうだったでしょうか。最初は誰でも失敗をして、頭を打って、大事なことを覚えるものなのです。

それでも、決断できなければ、あとは目をつむって海に飛び込む気持ちで任せるしかありません。**極端にいうと、何があっても自分で手をくださないと覚悟を決める**のです。それくらいで丁度いいはずです。

▶ 14「自分でやらない！」と思いきることも大事

□仕事を任せられない理由をつかむ

「ポイントは何か」と考えてみる

↓

たとえば「受注業務」だと、
●「納期回答の微妙な判断」だったり
●「相手の気持ちを損なわない言いまわし」だったりする

↓

つまり、「これらをクリアするには経験が必要だ！」

↓ 頭を切り換えて

だから任せよう！

↓

「何があっても手を出さない！」くらいでちょうどいい

Tips 15 「確認ぐせ」をつける

任せることが大事といっても、「任せっぱなし」ということではありません。

リーダーで、一番よくないタイプは、「任せっぱなし」のリーダーです。ときおり、上がってきた成果物だけを見て、「こんなのじゃあ、ダメだ！」という上司がいますが、指導育成のために一時的にしているならともかく、ダメなのは上司の方です。

「早めに確認する習慣」をつくりましょう。少し進んだころに、**「○○さん、あれ、どうなっている？」、これだけでいい**のです。この確認をまず、リーダーの方から実行します。

これを習慣にしていると、相手の方から、確認を求めてくるようになります。

「この方向で進めていいでしょうか？」

「○○の仕事に手間どっていて、このままだと期日が厳しいのですが」

このように、本人からすすんで報告してくるようになればしめたものです。

リーダーから「確認ぐせ」をつけていけば、徐々にリーダーはリーダーがするべき仕事に専念できるようになります。

▶ 15「頼られるリーダー」になろう

□正しい確認の仕方

○○さん、あれ、
どうなっている？
えーと、○○まで
進んでいます。
ここは確認した
のか？
あっ、そうか。
こっちが先
でした。

**このように
繰り返していると**

この方向で
進めてよい
でしょうか？

リーダーに自ら確認を求めてくるようになる

正しい確認の仕方＝「相手が主導する確認」だ

詳しくは、次の「トレースの仕方」で！

Tips
16 「トレース」を身につける

指示の基本（10）

「確認」はトレースが基本です。

トレースとはなぞることです。行ってきたことや結果を振り返ってみることです。リーダーはトレースを行うことで、何がどうなったかをメンバーと共有できるわけです。

リーダーは、そのために指示した相手に質問をします。

「○○さん、あれ、どうなっている？」「そうなった原因は何？」「いつまでに上がりそう？」などと訊《き》くわけです。

答えるのは、すべて指示を受けた相手です。相手に答えさせるのがいいリーダーです。ときどき、「確認」といっても一方的に自分ばかり話をしている上司がいますが、それでは本当のことや相手がどう考えているか、わかりません。

仕事をするのはあくまで指示を受けた相手なのですから、**相手自身がどう考えているかが重要**なのです。そのためには、本人の口から説明してもらわないとなりません。

リーダーは指示した相手に本人の仕事について、本人自身でトレースさせる必要があるわけです。

▶ 16「確認」はトレースが基本

□「確認」するために必要な4つの質問

①
どうなっているか、
どこまで進んでいるか

②
問題はないか、
問題は何か

③
予定通り
間に合いそうか、
見通しはどうか

④
次にすること
は何か

相手に自分の仕事を自分でトレースさせるのが
リーダーの「確認」の基本

×

リーダー自身が
トレースしてしまってはいけません。

Tips 17

「仕事の采配」で成果は9割決まる

指示の基本（11）

誰に指示するか、つまり誰にこの仕事をやってもらうかを「仕事の采配」といいます。仕事がうまくいくかどうかは、誰に任せるかで9割がた決まるといっても過言ではありません。

成果をあげることを考えれば、もちろんその仕事を確実にやってくれる人に任せるのが、リーダーにとっても、会社にとっても、お客さまにとっても一番いいはずです。けれども、意外となかなかそのようにうまくいかないものなのです。理由はいくつかあり、次項から示すように代表的なものは4つあります。

目の前の成果を一番に考えた采配が、いつも必ずしもできるとは限りませんし、その采配がベストともいえません。

采配の最終決定がどうなるかはともかく、リーダーはその**仕事を誰に任せると、どのようなメリットやデメリットがあるか、つねに頭に描いておく習慣を持つこと**です。采配を考えることの重要性は変わりませんし、その訓練はリーダーの力を間違いなく向上させることになります。

▶ 17 仕事を「誰に任せるか」は最も大事

□成果の9割は誰に任せるかで決まる？

でも、思ったとおりの采配は、
実際にはなかなかできない

□人に任せられない代表的な4つの理由

① できる人に仕事は偏る → **対策** 思いきって他の人にも仕事を振る

② 手の空いている人がいる → **対策** 頼みにくい人にも頼めるようにする

③ 「人を育てる」必要性がある → **対策** 人を育てる意義を見いだす

④ 上司や会社の意向が別にある → **対策** 意向の目的をつかむ

18、19項で詳しく見ていこう

Tips

18 仕事の配分をもとに「采配」をふるう

そもそも、仕事は「できる人」に集まります。前述の「その仕事を確実にやってくれる人」に任せるルールでやると、「できる人」ばかりに難しい仕事、大事な仕事が集中し、「できる人」はすぐに手一杯になってしまいます。

仕事はときには、リスクをとってでも「できそうかな」という人にも振らないとならないのです。もちろん、そのときにリスクをとるのはリーダーとなります。

また、「できる人」に仕事が集まるのはまだいいのですが、「頼みやすい人」にも仕事が集まりがちです。その反面、どういうわけか「手の空いている人」がいるものです。そういう人は往々にして「頼みにくい人」だったりします。たとえば、自分より経験が長くて、自分のやり方を良しとは思っていない人などです。

仕事の配分を見て、大きな偏りなくうまく采配しているリーダーは、優秀なリーダーです。

仕事の配分のコツは、よけいなことを考えずに、メンバーの能力と抱えている仕事量とでとりあえず割り振ってしまうことです。

▶ 18「できる人」と「手の空いている人」

□理由その1　できる人に仕事は偏る

確実性を考えると
仕事は「できる人」
に集まってしまう
手一杯だ！
あるいは
「頼みやすい人」
にも集まりがち

「できそうかな」という人にも思いきって仕事を振る

□理由その2　手の空いている人がいる

頼みにくい…
忙しいのだが…

ときには、上司から指示を出してもらうことも必要

Tips
19 「采配」はつねに先を見る

「できる人」ばかりに難しい仕事、大事な仕事が集中していると、新人にはいつまでたっても誰にでもできるような仕事しかまわってきません。それでは新人は育ちません。育てるという意図を持って、新人に手ごたえのある仕事を任せるには、それなりのリスクが伴います。

自分でやった方が早くて、ずっと楽なのですが、それではいつまでたっても部署全体の戦力は向上しません。**新人が育てば、部署のキャパが拡がり、より大きな仕事ができ、楽にもなります。**リーダーとして、ここは**将来への投資**と思わないとなりません。

また、上司や会社の意向が別にあり、ベストと思った采配が変わる場合もあります。たとえば、プロ野球がそうです。「なんでこんな場面でコイツに打たせるんだ。勝つ気があるのか」というような采配です。ゲームの勝敗とは別に、高い金額でトレードして入れた球団のメンツを立てるようなケースです。つまり、上から圧力がかかるわけです。

会社でも同様の事情があったりします。理不尽なケースもありますが、リーダーが考える「目の前の成果」以上に、会社は「将来の大きな成果」を見ているかもしれないのです。

▶ 19 長いものさしと大きなものさし

□理由その３ 「人を育てる」必要性がある

新人が一人前の戦力として育てば、
チームのキャパは向上する

思い切って
やらせてみよう！

先まで見て、新人の仕事の幅を広げることも考える

□理由その４ 上司や会社の意向が別にある

今度の仕事は○○君にやらせてみてくれ。
どんな意図だろう？
承知いたしました。

上司や会社が意図していることをつかむようにする

第2章

《2つ目の道具》「ミーティング」の技術 編

Tips
20 「ミーティング」の基本とは

ミーティングとは、自分が担当するチームでの打ち合わせのことです。「指示」と同様に、「ミーティング」のやり方も会社から教わることはまずありませんが、リーダーにとっては思っている以上にとても役に立つ技術です。指示とミーティングができるようになれば、リーダーは実にそれらしく見えるはずです。

ミーティングがうまくなるには、基本を知ることとあとは繰り返すことが大事です。ミーティングのうまい上司がいれば手本になりますが、わるいクセがつくとなかなかとれませんので、まずは基本をしっかり頭に入れましょう。そして、覚えたことを試していきましょう。

では、基本を学ぶ第一歩はなんでしょうか？　それは目的をつかむことです。

指示はやってもらいたいことをきちっと伝えるのが目的でしたが、**ミーティングの目的は、ざっくりとらえると3つ**あります。

この目的の違いによって、ミーティングがめざすゴールもさまざまになります。ゴールを頭にイメージして、あとは実践あるのみです。

▶ 20 ミーティングを使いこなそう

□ミーティングと指示ができれば実にリーダーらしくなる

上司のやり方はさておき、基本をしっかり身につけよう

□「ミーティング」の目的は3つ

① 共有する	② 意見交換する	③ 決定する

今日のミーティングの目的を頭に入れておこう

Tips

21 ミーティングはロールプレイング・ゲーム

ミーティングの基本（1）

ミーティングはリーダーの筋書き通りにいくとはかぎりません。途中でいろいろな予想外のことが起こったりします。メンバーを引き連れて目的地にいくのに、途中でいろいろな事件やアクシデントが起こるロールプレイング・ゲームのようなものです。

ゲームはそういうアクシデントが面白いのですが、ミーティングでリーダーが右往左往していると、メンバーからブーイングが飛び、あいそうをつかされてしまいます。そうならないよう、**リーダーが方向を定め、メンバーを引っ張っていくのが理想**です。

ただし、「人の上に立ち、人を引っ張っていく」のが苦手という人にとっては少々しんどい話です。

でも朗報があります。「人の上に立ち、人を引っ張っていく」ばかりが、リーダーというわけではありません。苦手な人でもミーティングをうまく使えば、リーダーをやっていけます。そのためのもう1つの方法、つまり**引っ張っていかないミーティングの方法**もあとで解説します。

▶ 21 ミーティングには２つの進め方がある

□ミーティングはロールプレイング・ゲーム

□ミーティングのやり方は２つ

①
メンバーを
引っ張っていく

➡ リーダーが
陣頭指揮をして
決断を下していく

②
メンバーを
引っ張って
いかない

➡ 自分から動く
チームにする
→後ほど解説

Tips
22 地図を描く
ミーティングの基本（2）

リーダーはミーティングに、決していき当たりばったりでのぞんではいけません。**ミーティングのとき、頭に全体地図を入れておくことが肝心**です。全体地図とはおおよその筋書きのことです。

実施する項目と順序をあらかじめ描いておきます。ここで手を抜いてはいけません。ミーティングのゴールまでの筋書きをはっきりと描いておくことが大切です。

もちろん、実際に進めると、想定外のことが起こったりして、たいてい最初は筋書き通りにことは運びません。それでもいいのです。筋書きをはっきり描いてのぞみ、右往左往を繰り返し行うことで力がついてきます。

また、ミーティングには、通常5つくらいのステージがあります。この5つのステージを覚えておきましょう。

ステージをつなぎ合わせてミーティングを組み立てると、地図のおおまかな全体像ができあがるわけです。

▶ 22 大きく道すじをつかもう

□はじめに全体の地図(=筋書き)を描く

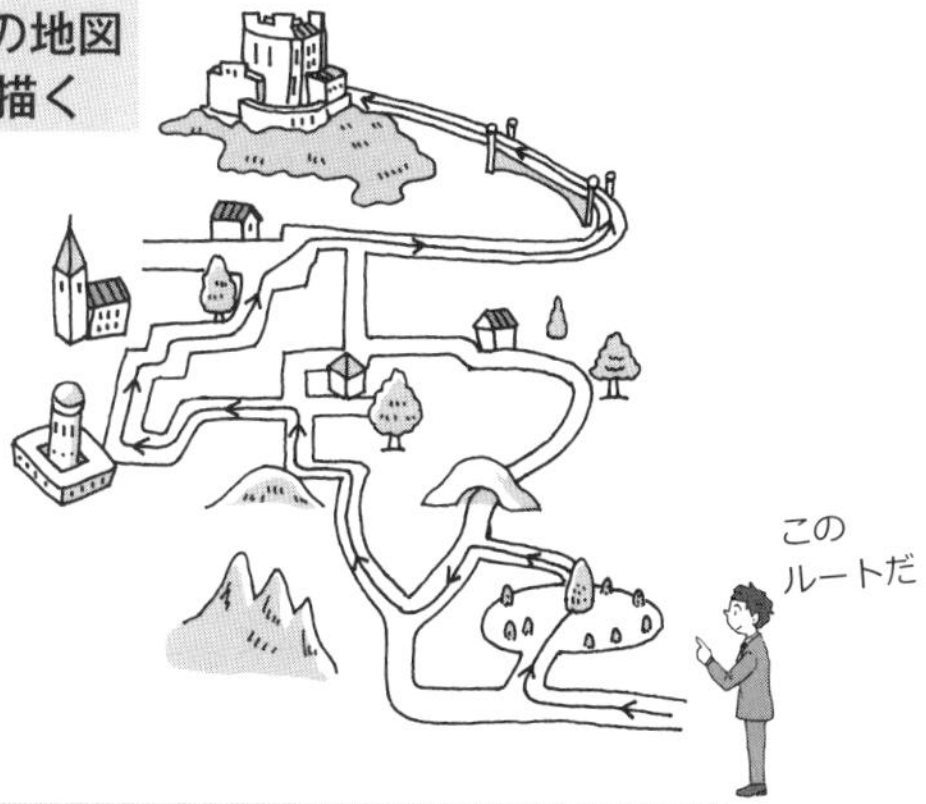

□ミーティングには5つのステージ(場面)がある

① 何のミーティングか、テーマを説明する

② メンバーから説明をもらう

③ 意見を引き出す

④ 結論を出す、決定する

⑤ 指示を出す

この5つのステージを組み合わせて、
大まかな地図を描こう！

Tips

23

最初から大きな旅をしてはいけない

ミーティングの基本（3）

ミーティングに自信がないのなら、慣れないうちは、あまり大きな地図にトライしてはいけません。小さな地図、つまり**テーマが1つか2つ程度で簡単なもの、15分以内くらいで完了するものからはじめる**ようにします。

テーマも難しくないものがいいでしょう。最初は大勢を相手にせず、対象とする人数も少なくします。対象者はひとりでもかまいません。したがって、こまめに回数を多くするのです。

また、ミーティングというと、全員集めないとならないと思っている人がいますが、そんなことはありません。対象外の人が自分に関係のない話を聞いていても、本人はしらけるだけですし、時間のムダです。対象外の人は、除きましょう。

よくミーティングのきっかけをつかめない人がいます。皆忙しくしているし、自分自身もどんな仕事が入ってくるかもわからないなどと考え、実施するタイミングを失ってしまいます。そうならないためには、予告が必要です。エイヤッで予定に入れてしまうことです。そうすれば、メンバーは自分自身で調整し都合をつけるものです。

▶ 23 短く、小さなミーティングからはじめよう

□自信のない人は、大きな地図にトライしない

1. 小さな地図 (15 分くらいまでに完了するもの)
からはじめる

たとえば、
① 今日の重点業務の確認
② 明日の作業段取りについての確認
③ 来週のスケジュールの確認

2. 対象人数は数人までに

○○君は
ここが
ポイント!

ミーティングの相手は
ひとりでも問題ない

3. ミーティングをいつするかは、
あらかじめ伝えておく

今日の15時15分から、
○○君と△△さんとで、
10 分間だけミーティングをします。

Tips

24

すみずみまで段取りをつける

ミーティングの基本（4）

はじめから優れたリーダーシップを発揮する人がいます。たしかにリーダーシップには資質、素養が大きく影響していると思われます。けれども、そのような人だけがリーダーになれるなら、小さな会社でリーダーはほとんどいなくなってしまうに違いありません。

つまり、リーダーシップは、誰でもある程度なら高めることができるのです。「人を使うのが苦手」な人がリーダーシップをつけるには、何よりもリーダーをし、リーダーらしく振る舞うことなのです。

その**最適のアイテムが「ミーティング」**です。「ミーティング」でリーダーらしく振る舞えば、リーダーシップのある、できるリーダーに次第になっていきます。

そのためにはミーティングをする前に、**筋書きをすみずみまで描ききろうとする姿勢を持つ**ことが何よりも大切です。ほとんどの人がぶっつけ本番でミーティングをやりますが、「人を使うのが苦手」な人は入念に準備をしてから行うのです。

「このようにいえば、相手はこういうかも知れない、このような違う意見も出るかも知れない……」などと、いろいろな角度から想定をくり返すことです。

▶ 24 ぶっつけ本番でやらない！

□人を使うのが苦手な人は ミーティングにも万全な準備を

今日のテーマを
話したら…
メンバーから、
意見をもらう
たぶん、誰も
発言しそうにない…
こっちから、
○○君を指名しよう
でも、漠然とした
問いかけだと、
しゃべりそうにない…
具体的に□□について
YES/NO で
聞いてみよう
ああやって、
こうやって……

シミュレーションをしてすみずみまで段取りを考える習慣をつけよう

Tips
25
リーダーシップとは「信頼を与える」こと
ミーティングの基本（5）

リーダーシップとは、けっして強引に人を引っ張っていくことではありません。「あの人についていけば間違いない」という「信頼」を与えることが、リーダーシップで、「あの人のために一肌脱ごう」となるのです。そのためには、どっちへいけばいいか、リーダーはつねに方向を指し示さないとなりません。部下やメンバーは、緊急時や迷ったとき、困ったときに、てきぱきとした指示や何をすべきか判断してくれることを皆、リーダーに期待しているわけです。

とはいえ、それは**いつも正しい方向でなければならないわけではありません。**そんなことは誰にもできません。部下やメンバーがリーダーに求めているのは、正しい方向、正しい判断というより、**「決断」と「その納得性」**なのです。

ですから、たとえばメンバーから思わぬいいアイデアが出たとしたら、「よし、それでいこう」と相手の意見にのっかっても構わないのです。ただし、相手は「よし、それでいこう」というリーダーの言葉のうしろに、「あとはオレが責任をとる」という言葉があることを知っているから、安心して仕事に専念できるのです。

▶ 25 信頼を与えよう

□リーダーシップとは 強引に引っ張ることではない

メンバーは
「信頼」についていく

メンバーは、
テキパキとした決断力を
リーダーに期待している

> リーダークラスは、
> 「正しい判断」よりも「決断」と「その納得性」が大事

Tips 26

チームの力を引き出してやり遂げるために

ミーティングの基本（6）

人の上に立ち、人を引っ張っていくのが苦手でも、リーダーは務まります。実際、そのようなリーダーはたくさんいるのです。とくに小さな会社ではそうなのです。

リーダーの最大の役目とは、チームのメンバーそれぞれの力を引き出し、任務をやり遂げることです。その1つが、メンバーにも考えてもらうことです。リーダーだけが悩むことはありません。

ただし、そのためには情報をきっちりと開示し、チームで共有しなければなりません。何を、いつまでに、どこまでしなければならないかを、何に困っているか、問題と考えているかを説明しないとなりません。

情報を開示するには、普段の会話と違い、少しあらたまって説明できるミーティングを活用するのが一番です。

それは、リーダーにしかできない、リーダーだけの仕事でもあります。引っ張っていかない方法といっても、何もしないでいては人は動いてはくれません。メンバーに情報を開示し相談するのも、リーダーの1つの力量といえます。

▶ 26 情報の説明はリーダーの役目

□チームの力で任務をやり遂げる

う〜ん
弱ったなあ…
リーダーだけが
頭を使うのではない

メンバーに考えてもらうのも 1 つの手段

⬇

そのためには、情報の説明が必要！

何を、いつまで、どこまで
しなければならないか

何を問題と考えているか

困っていることは何か

**この 3 点は、
ミーティングで共有する**

Tips

27 はじめからメンバーに相談する

ミーティングの基本（7）

チームで任務をやり遂げる1つの方法に、はじめからメンバーを巻き込み、考えてもらう方法もあるのです。

メンバーに自発的に考えてもらうには、リーダーからメンバーに「相談する」ことです。ここが大事なところですが、はじめからメンバーに助けてもらう姿勢で、ミーティングにのぞむわけです。相談を持ちかけたりして頼ると、メンバーも、「しようがないなあ、ひとつ力を貸してやるか」などと、自分の方から動いてくれるようになるものです。

くれぐれもわからないことに虚勢を張って、「○○さん、△△の詳細を報告するように」などと、上から目線の口調で指示をしないことです。たいていは、「なんであんたに教えなければならないんだ」と反発を買うだけになります。

しかし、かといって、下手《したて》に出る必要もありません。**自分の身の丈でメンバーに真摯《しんし》に接し、背負っている責任を果たすために協力してもらう**わけです。そうすれば、思っている以上にメンバーはそれぞれがやるべきことを自ら考え、やってくれるものです。

▶ 27 メンバーに相談して協力してもらう

□チーム力を使って仕事を成し遂げる

チーム力を使って仕事を成し遂げる方法は二つある

テキパキとメンバーを引っ張って行く方法

はじめからメンバーに相談する方法

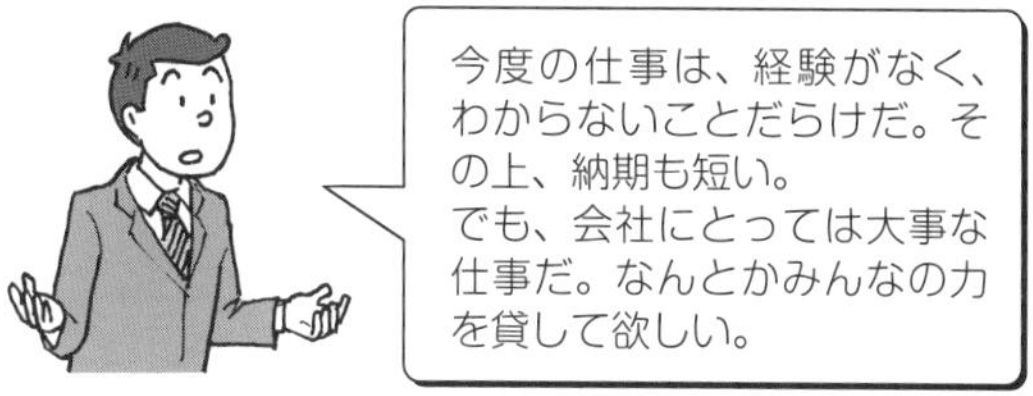
今度の仕事は、経験がなく、わからないことだらけだ。その上、納期も短い。
でも、会社にとっては大事な仕事だ。なんとかみんなの力を貸して欲しい。

・肩書を利用して、上からものをいわない
・下手に出る、媚びを売るのも間違い
・見栄を張らず、できないことはできないという

自分の身の丈で真摯に協力をあおぐ

Tips
28 「自分から動くチーム」をつくる
ミーティングの基本（8）

自ら動いてくれるチームづくりは、とくにベテランや専門家、あるいは自分より目上の人が多いチームに適しているといえます。ふだんは文句ばかりで、リーダーのいうことを聞かないようなメンバーや、一言いえば何かとたてつくようなメンバーでも、本当はこちらが考えている以上に力を持っていたりします。

このような人たちが扱いにくいのは、実は力の引き出し方がよくわからないだけという場合が多いのです。

このようなメンバーには、はじめから「相談する」姿勢、知恵を借りる姿勢でのぞむのです。たとえば、「○○さん、この部分はこんな具合に考えているのだけれど、これで大丈夫かなあ」で、いいわけです。

そうすると、男気（もちろん男性ばかりではありませんが）を発揮し、案外、やるべきことをやってくれたりするものです。そのためには、**チームがするべきこと、めざす方向を的確に示し、思いきって任せること**です。

▶ 28 扱いにくい人たちを動かす

□扱いにくいメンバーの多いチームを「自分から動くチーム」に変える

なにかとたてつく　　いつも文句ばかり　　自分より目上の自信家

不満

上から命令される ➡ 反発
やらされているだけ ➡ モチベーションダウン

⬇

テキパキと指示・命令で動かすのはあきらめる ➡ **「相談する」姿勢 知恵を借りる姿勢 でのぞむ**

方向を示し、思いきって任せる

Tips
29 方向の「コントロール」の仕方
ミーティングの基本（9）

自分から動くチームも、リーダーが考えている方向にいつもうまく動いてくれるとは限りません。当然、リーダーからすると「それは違うだろ」と思うようなプランを示したり、行動したりするようなケースも出てきます。

指示・命令をせず、メンバーの行動をコントロールするために、ミーティングを活用します。ひとりずつ1対1で行うことも含めて、短い時間でこまめにでもかまいません。

メンバー本人の考えと結果を聞くことが大事です。そうするためには、**指示・命令ではなく、「質問」を多用**します。「質問」で本人の考えや進み具合などを聞き出し、何も問題がなければ「しっかり頼む」など、声をかけて任せておけばいいわけです。

もし、自分の考えと違っていたり、問題が起こっていたら、ここでも指示・命令ではなく、やはり「質問」をし、まず本人の考えを聞き出します。こちらが答えを出すのではなく、本人に考えてもらい、答えてもらうわけです。

ただし、方向が違っていた場合の軌道修正、つまり指示は、できるだけ早くするようにしましょう。

▶ 29 質問を多用してミーティングを進めよう

□めざす方向に動いてくれなかったら

思いきって、任せるのはいいが…
うまく動いてくれるとは限らない

ミーティングで「質問」を多用し、誘導しよう

□目指す方向に誘導する４つの質問

- 何をどうして、どこまで進んでいるのか？
- 問題は何か？ それはどのようなことか？
- 予定通り、行きそうか？
- 次は何をするのか？

もし、自分の考えと違っていたら…

↓

質問し、本人に答えてもらおう

本当の原因は何だと考えている？
どちらを優先すべきだろう？

Tips
30 信頼関係をつくる言葉

メンバー各人がそれぞれの役目を果たし、うまくいった場合はもちろん、ねぎらいの言葉をかけます。また、仮に不首尾に終わり、うまくいかなかった場合であっても、言葉をかけないとなりません。むしろ、こういうときこそ、ひとこと声をかけるのです。

声をかけるタイミングは、結果が出た時点からあまり間を空けないこと。また、特定の人を対象とする場合は、できれば別室などで行います。失敗などについては責任の追及や反省もある程度は必要ですが、「しっかり対策を立てて、次回は必ずとり返そう」など、次につなげることに軸足を置くことの方が重要です。

このように、**メンバーに思いきって任せながら、リーダーから働きかけを繰り返すこと**で、難しいタイプの人をも巻き込むことができ、チームがまとまり、チーム内に信頼関係が生まれます。

人の上に立ち、引っ張るのが苦手なリーダーでも、無理をせずにチームをまとめ、動かすことはできるのです。

▶ 30 ねぎらいの言葉は大事

□結果にかかわらず声をかける

うまくいったら……

よくがんばってくれた。おかげで助かったし、チームの任務も果たせたよ。
○○さんのがんばりがなかったら、あぶないところだった。ご苦労様でした。

うまくいかなかったら……

今回は残念な結果になってしまったが、次は同じ過ちをせず、成功させよう。
お客様には迷惑をかけてしまった。この失敗は、全員で必ずとり返そう。

リーダーからの働きかけの繰り返し ➡ メンバーとの信頼関係をつくる

第3章

《3つ目の道具》「ものの見方」を変える技術 編

Tips

31

さがしものを見つけるのはリーダーの役目

ものの見方を変える技術（1）

人を使う、人を動かすには、スキルを身につけることだけでなく、あたまをきり換えることが大切になります。これから解説する「ものの見方」は、**スキルと頭のきり換えの両方が必要になるもの**です。ここをクリアすれば、リーダーとして大きくステップアップできるはずです。

はじめは、リーダーの「さがしもの」です。ロールプレイング・ゲームでアイテムや次の入り口、宝ものをさがすように、**リーダーはいつも何かをさがしているもの**です。さがしものを見つけるのが、リーダーの大事な役目の1つと考えましょう。

リーダーはこれらを自分でさがすだけでなく、当然メンバーに頼んでもかまいません。むしろ、メンバーを巻き込むのがいいリーダーです。もちろん、これらは見つけるだけでなく、解決をはからないとなりませんが、まず見つけださないとはじまりません。

メンバーにはわからなくて、リーダーにしか見えないものがたくさんあるはずです。また、それは現場から一歩はなれた管理職などにも見えていないものなのです。

現場を率いる者だけが持っている視点を活かさない手はありません。

▶ 31 リーダーにしか見えないものがある

□ものの見方を変えるには

さがしものを見つけるのは
リーダーの役目

さがしものは３つある！

- 問題点
- 改善点
- 気配り点

↓

そうすると、
リーダーにしか
見えないものが
たくさん見えてくる！

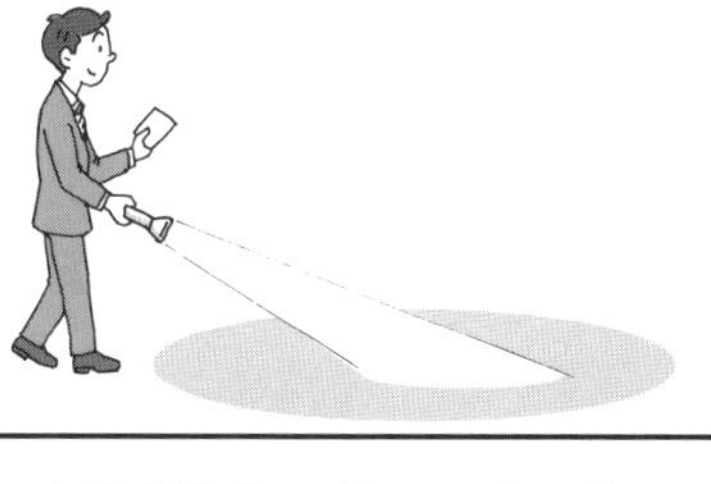

さがしものにメンバーを巻き込むのがいいリーダー

Tips

32

会社がリーダーに期待する大きな役割

ものの見方を変える技術（2）

会社がリーダーに期待していることをまとめていうと、「もっと儲けること」といえます。チームのメンバーはなんといっても日々の仕事を予定通り、きっちりとこなすことが最大の役目です。いわば、今日の糧《かて》をぬかりなく稼ぎ出すことです。そのことで、会社は儲けの算段がたちます。

しかし、以前なら問題なかったのですが、今は予定通り儲けるだけでは世の中の変化への対応が遅れてしまいます。

現場にいると見えにくいのですが、**会社をとり巻く環境は日々めまぐるしく変化しています。**明日予定していた稼ぎは、今日までと同じことをしているにもかかわらず、減ってしまうかもしれないのです。

変化に対処するには、昨日までうまくいっていた方法をとり止め、リスクを冒してでも、新しい方法にとり組まないとならないかもしれません。これからの時代に合ったやり方をさがす必要があります。それを現場でできる立場にあるのは、リーダーでしかありません。リーダーはそのために、日々、さがしものをするのです。

▶ 32 リーダーはもっと儲けよう

□管理職とリーダーの儲けのとらえ方

管理職

会社はずっと儲けないとならない

↓

明日の儲けのタネをさがす

リーダー

会社をとり巻く環境は日々、変化している

↓

昨日までと同じことをしていても、
昨日と同じ稼ぎは得られない

↓

下の５つを探す

- もっと儲かる方法
- もっと確実な方法
- もっとコストを下げる方法
- もっとやりやすい方法
- もっとスピードをあげる方法

変化に対応するためのリーダーの役割は大きい

Tips 33

いつもと違うセンサーで問題点を見つける

ものの見方を変える技術（3）

ミスが起こる、クレームが出る、不具合が出るなど、これらは今ある足元の問題です。もちろん、すぐに対応しなければなりません。放っておくのが一番よくないことです。けれども、リーダーの値打ちに差をつけるものは、問題の対策が一番ではありません。実は**問題が起こってしまう前の問題発見**なのです。問題となりそうな箇所を問題が起こる前に見つけることが大切なのです。

その**コツは「いつもと違ったことはないか」という意識を持つこと**です。リーダーは日々流れる仕事を、そういう目で見ないとなりません。これが問題を見つけるための第一歩といえます。

この意識をセンサーと考えましょう。この本を読んだことで、あなたは「いつもと違ったことはないか」というセンサーを持つ準備ができました。ただし、実際に現場でこのセンサーを起動させるには、「いつもと違ったことはないか」ではダメです。「いつもと違った○○はないか」という用途別センサーに変えなければなりません。

あなたの用途別センサーの種類を増やしましょう。

▶ 33 問題点を見つけるセンサーを持とう

□問題が起きたらでは遅い

もっと
やりやすい
方法が
あるはず
間違いやすい
やり方を
していないか
ミスが
多発するのは
なぜか？

問題が起こる前の「問題発見」が
リーダーの値打ちに差をつける

「いつもと違った○○はないか」
というセンサーを身につけている

「いつもと違った『音』はしていないか」
「いつもと違った『臭い』はしていないか」
「いつもと違った『返事』をしていないか」

リーダーはそれぞれの用途別センサーを持とう！

Tips
34
改善点を見つける「センサー」を持つ
ものの見方を変える技術（4）

問題箇所を見つけるのも大事ですが、現状よりさらに仕事を高めるために、現状ではまだ問題とはなっていない改善箇所をさがすことも大事です。

ただ、明らかに悪いところはすぐに見つけられますが、**「今はとくに問題となっていないが現状にプラスαすることはできないか」**という箇所を見つけるのは、かなり難易度が高いでしょう。

前述のような「いつもと違う点を見つけるセンサー」では、改善できる箇所をうまく見つけられません。新しいセンサーをつくる必要があります。

ブレスト（ブレーンストーミング）の提案者であるオズボーンという人が、左の表のようにあたまをきり換えて新しいことを発想する方法の1つを提案しています。問題でない改善点を見つける9個のセンサーなわけです。

問題でない改善点を見つけるために、ふだんの作業の延長線以外のところにも目を向けてみる工夫も必要となります。このようなチェックリストで強制的にあたまをきり替える方法が有効となるのです。

▶ 34 強制的に頭をきり換える

□もっとよくなる箇所を見つけるセンサー例

＜オズボーンのチェックリスト＞

1. 転用	他のことに利用できないか？
2. 応用	他からアイデアを借りてきたらどうか？
3. 拡大	大きくしたらどうか？
4. 縮小	小さくしたらどうか？
5. 変更	何かを変えたらどうか？
6. 代用	他のもので代用してはどうか？
7. 置換	何かと入れ換えてはどうか？
8. 逆転	反対にしてはどうか？
9. 結合	くっつけたらどうか？

アレックス・F・オズボーン

ふだんの仕事の延長線上で考えるとうまくいかないので、専用のセンサーを持とう！

Tips
35 気配り点を見つける
ものの見方を変える技術（5）

「必ず問題箇所や改善箇所を見つける」と意気込まなくとも、かまいません。ささいなことを実行したり、ちょっとした言葉をかけることで、メンバーが働きやすくなったり、お客さまに喜んでいただいたり、他の部署が仕事をやりやすくなったりするものです。

業務改善とは、新しいやり方やしくみを皆で共有し、活用するものですが、「気配り」とは、その人の日々の行動のあり方をほんの少し変えるようなものです。

つまり、難しいことをするわけでも、とくに頭を使うとかいうものでもありません。要は、気がつくかどうか、そのことを実行できるかどうかがポイントになります。

気配り点を見つけるコツは、**「相手が助かることを見つける」**ということを念頭に行動することです。

できれば、気配り点をメンバーに考えさせましょう。メンバーもいわれたことだけをしていたのでは仕事が面白くありませんし、レベルもアップしません。自分で考えたこと、自ら答えたことなら、自分から進んでとり組む率はぐっと高くなります。

▶ 35 気配りは大切

□「相手が助かること」を見つける

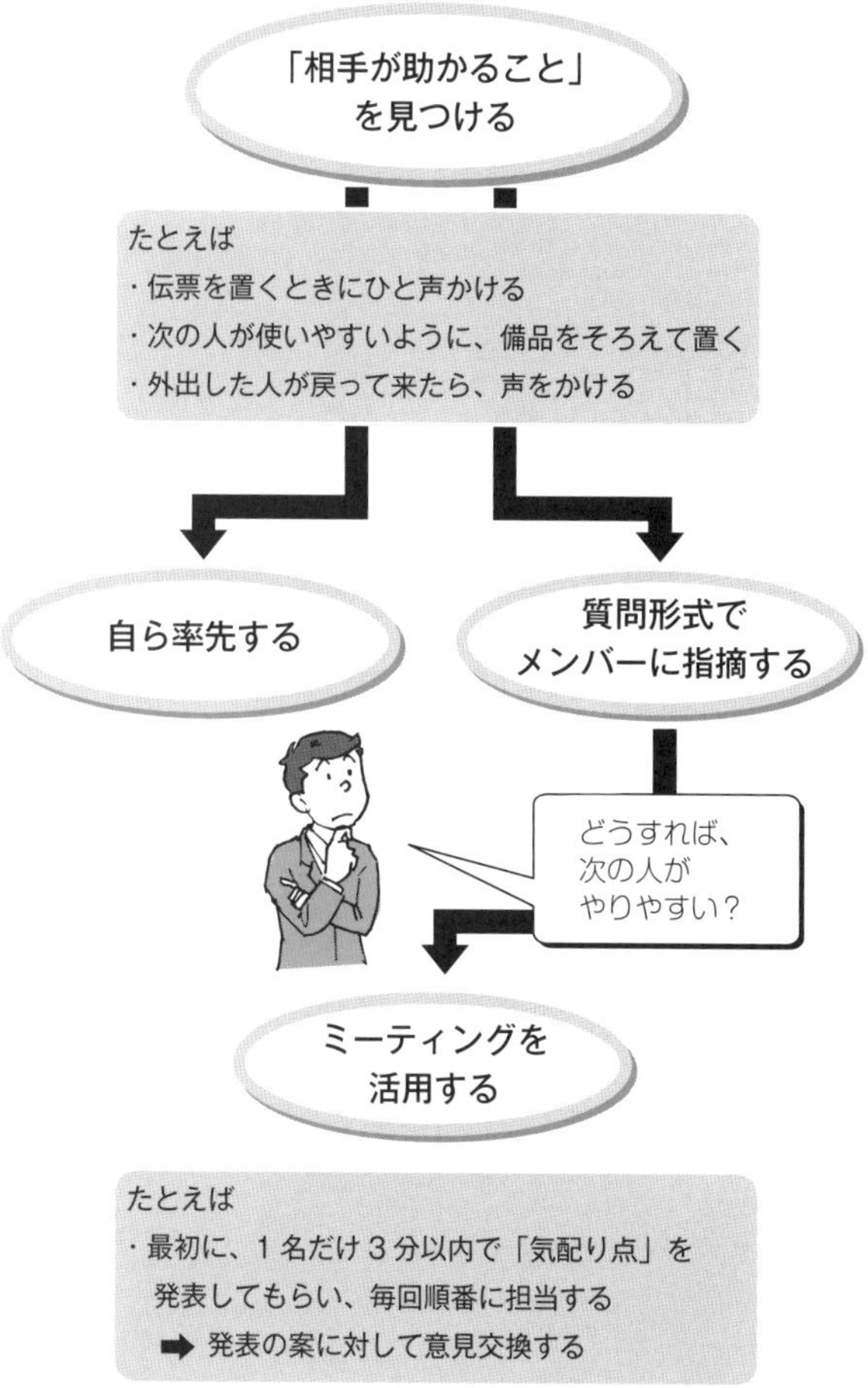
「相手が助かること」を見つける
たとえば
・伝票を置くときにひと声かける
・次の人が使いやすいように、備品をそろえて置く
・外出した人が戻って来たら、声をかける
自ら率先する
質問形式でメンバーに指摘する
どうすれば、次の人がやりやすい？
ミーティングを活用する
たとえば
・最初に、1名だけ3分以内で「気配り点」を発表してもらい、毎回順番に担当する
➡ 発表の案に対して意見交換する

Tips
36 はなれて見るコツ
ものの見方を変える技術（6）

問題箇所や改善箇所を見つけるには、すこしだけあたまをきり換えて仕事の見方を変えることが必要になります。**頭をきり換えるコツは、仕事というものを少しだけ「はなれて見る」こと**です。

左の絵のような状況を映画の1シーンのようにイメージしてください。

カメラは作業するあなたを映していますが、カメラはあなたを映しながら少しずつ遠ざかっていきます。すると、パソコンの前で作業するあなたと少しはなれた場所にあるファックス機器とが画面に入ってきます。さらに、カメラが遠ざかっていくと、別の場所で商品のピッキングをする係も映ります。ピッキング係はあなたが入力したデータをプリントアウトして、その用紙を見ながら、商品を在庫棚からピッキングしています。さらに、カメラは遠ざかります……。

この映像は、1つの作業からずーと視点を引いて見ていくと、1つ前の仕事、1つ後ろの仕事が見えてくることをあらわしています。

「はなれて見る」とは、このような見方をすることにほかなりません。

▶ 36「はなれて見る」とは？

□頭を切り換えるコツは「はなれて見る」こと

「はなれて見る」コツは
映画のワンシーンのように、
自分が仕事をしている姿を
頭に描きます。

「あなたは受注係をしています…」

そこから、どんどんカメラを引いていくと…

少し離れたところで
作業しているあなたの仕事の一つ前の仕事、
一つ後の仕事が映し出されます。

Tips 37

もっとはなれて見る

ものの見方を変える技術（7）

前述の映像をもっとはなれて見ていくと、そのもう1つ前、もう1つ後ろの仕事まで見えてきます。「はなれて見る」ことで、自分の手元だけを見ていた視点から、他の人の仕事や仕事と仕事のつながりまで見えてきます。つまり、**仕事を広い視野で客観的にとらえる視点にきり換わる**のです。

これで、今まで見えてなかったものがどんどん見えるようになってきます。

前述の映像でカメラをさらにどんどん引いていきますと、高い位置から会社を見る視点になります。小高い丘から会社の中を見ているとしましょう。前工程、後工程から他部署をはじめ、会社の全部署が見え、お客さまや協力先の会社まで見えてきます。

そこで、たとえば自分の担当する受注入力が、どうつながって、最終にお客さまのところにまで製品が届くのかをたどっていきます。そうすると、受注入力をどのようにすれば、もっと早くお客さまに品物が届くか、間違いがなくなるか、大きな流れで考えられるようになるわけです。

▶ 37 見えていなかったものが見えるようになる

□俯瞰するということ

自分の仕事が
お客さままで
つながっている！

A商会

このタイミングで
仕事を出した方が、
次の工程の人が
もっとやりやすくなる！

**これまで見えてなかったものが、
どんどん見えるようになる**

Tips 38

業務フロー図を描く

ものの見方を変える技術（8）

ときどき頭の中の丘にのぼって仕事を見渡す必要があります。部長や社長ならもっと高い位置から業界全体や経済全体まで見ているはずです。

会社全体の仕事の流れをざっくりと描いたものを、業務フロー図といいます。わが社はどこに特徴があるか、儲けるためのポイントはどこかをつかむためにも、一度、自分の担当業務を中心とした自分なりの描き方で業務フロー図をつくってみるといいでしょう。

自分でつくった業務フロー図を使って、メンバーに自部署と各人の役割を説明できるようになれば、ぐっとリーダーらしくなるはずです。

業務フロー図が示している大切なことの1つは、会社は役割分担で成り立っているということです。つまり、いくら優秀な人がいても、ひとりでは仕事は完了しないのです。極端にいうと、リーダー自身の実務能力が優秀である必要はありません。

会社という組織全体が求めていることに、あるいは顧客が求めていることに、あなたのチームがしっかりこたえているかどうかが大事なのです。

▶ 38 役割分担と仕事の流れを大きくつかむ

□業務フロー図をつくって説明する

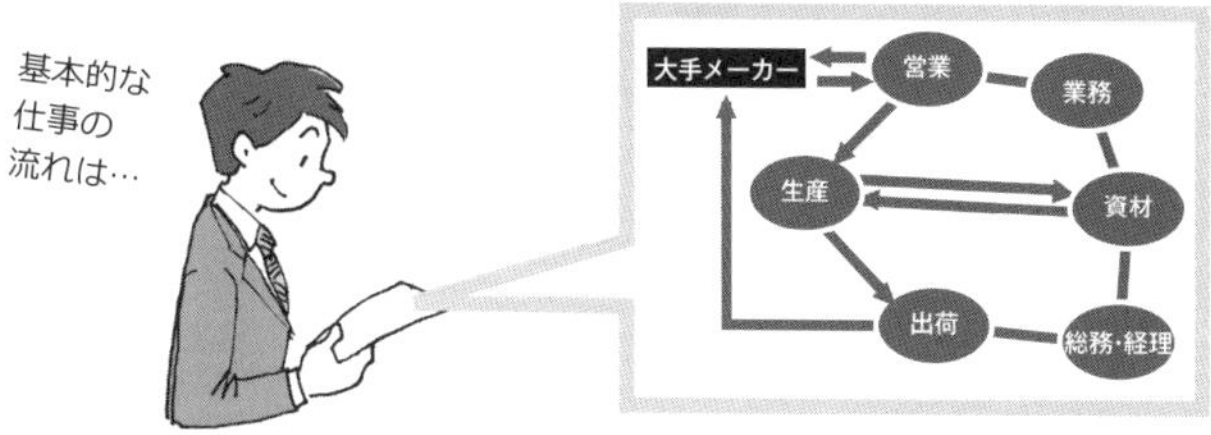
基本的な
仕事の
流れは…
大手メーカー
営業
業務
生産
資材
出荷
総務・経理

リーダーは自分の業務フロー図をつくって
メンバーに説明できるようになろう

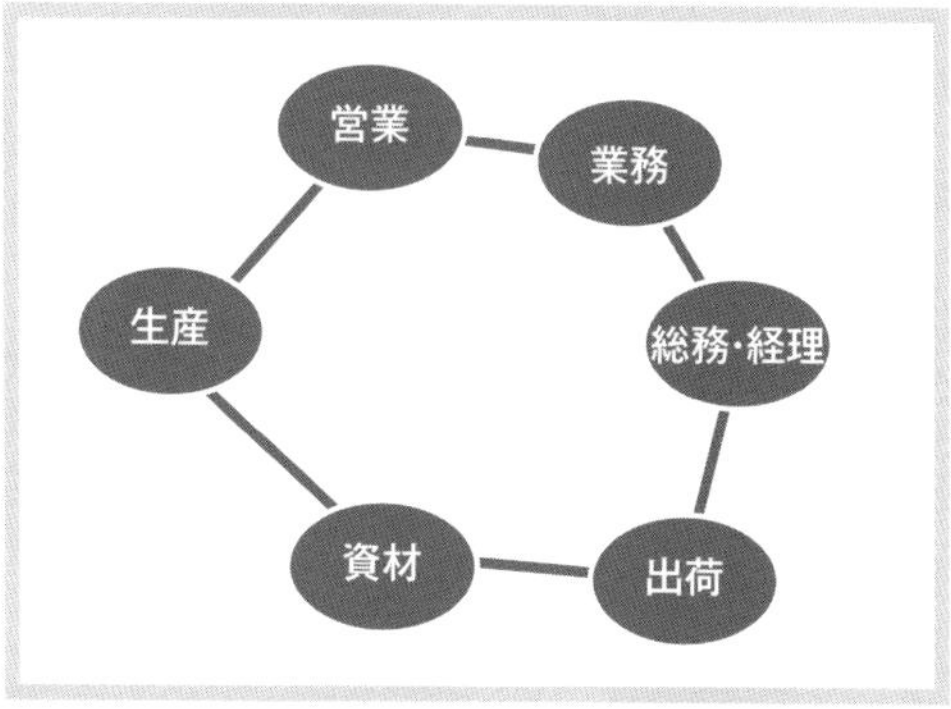
営業
業務
生産
総務・経理
資材
出荷

うちのチームの
役割は
こういうことか！

それぞれが、
きっちりと役目を果たさないと、
たった一つの製品ですら、顧客に納め、
代金をもらうことができない。

Tips

39 忘れるためのメモ

ものの見方を変える技術（9）

メモはリーダーの必須アイテムです。リーダーになると、自分でメモ帳などを持たないとなりません。問題箇所や改善箇所を見つけても、業務は日々流れていて忙しいので、つい忘れてしまうものです。

忘れないためには、記録することです。というか、**忘れるために記録する**のです。忘れて次の行動に移るために、できるだけすぐにその場でメモするというのが大事なのです。

メモをとる習慣は、部下やメンバーにも教えないとなりません。ミーティングには必ずメモ帳と筆記具を持ってこさせるように指導することです。それだけで、あなたのチームは「できそう」に見えるはずです。

メモはひとに説明するためのものというより、自分が何を考えていたかなどを気づくためのものです。文章を書く必要はありません。アイデアの「かけら」で充分なのです。

それでも、初めはなかなか書けない人が多いと思います。頭の中にあっても、それをとり出して書くのは実は難しいことだからです。まずは慣れることからはじめます。思いついたら、とにかくメモすることを習慣にすることです。

▶ 39 メモして忘れよう

□メモをとる効用

問題点や改善点は、
何かをしているときに、思いつきやすい

↓

人は次のことにとりかかると、
思いついたことを忘れてしまう

↓

忘れてもいいように、メモをとる！

↓

メンバーにもメモの習慣をつけさせれば、
あなたの「チーム」は「できそう」に見える

□メモのコツ

「手がかり」を
メモする

メモには
文章を書かない

「そのときの状況」や「考えた順」を
思い出すようにメモをする

考えたアイデアの「かけら」で十分！

第4章

《4つ目の道具》計画を立てる技術 編

Tips 40 計画は絶対必要な道具（アイテム）

計画を立てる、段取りをする、予定を立てる、スケジュールを描くなど、言葉は違いますが、ぜんぶ計画の仲間です。この計画が苦手という人はかなり多いと思います。とくに教えてもらったことがない人も多いと思いますが、計画をうまくたてられるのとそうでないのとでは、人を使う上で雲泥の差がついてしまいます。苦手という人はまずは基本を知って実行し、慣れることです。

そもそも、計画性がなく、いき当たりばったりだと、初めのうちは指示に従ってくれていた人も、だんだん従わなくなったり、動きが悪くなったりします。また、そのようなリーダーのもとだと、メンバーを苦しめます。メンバーは往々にして、自分で考えない、判断できない指示待ち型人材になりがちです。

一方、計画を示せば、メンバーは自分の予定が立ちます。自分がいつ、何をすればいいか、自分自身で考えることができます。**計画は人を動かすための強力なアイテム**なのです。

リーダーがつくる計画は、自分のためのものであると同時に部下やメンバーと少し先の時間まで、するべきことを共有するためのものといえます。

▶ 40 計画の大切さを知る

□「計画が苦手」を克服しよう

いき当たりばったりのリーダー

↓

しだいに、人は動いてくれなくなる

↓

メンバーは自分で考えない指示待ち型人材になる

「計画」ができるリーダー

↓

メンバーは自分の予定が立てられる。自分がいつ何をすればいいか、自分で考える

↓

簡単な指示で動いてくれる

「計画」はメンバーと予定を共有するためのもの

Tips

41

計画を最後まで立てきる

計画を立てる基本（1）

リーダーも過去に経験したものだと、先を読みやすいのですが、初めてのものはよくわからず、あいまいなものになりがちです。だから、経験は大事なのですが、経験ばかりに頼っていては「レベルの高い仕事ができるようになるのは、はるか先」となってしまいます。「よくわからないからこそ計画を立てる」ということを理解しましょう。

正しいかどうか、**「よくわからない」ことと「あいまいにしておく」こととは違います。**

リーダーは、できるだけあいまいな点をなくし、正しいかどうかわからなくとも、とにかく計画を立てきることが大切とあたまにインプットしてください。

よく「あとは、出たとこ勝負だ」という勇ましい人がいますが、「出たとこ勝負」でなんとかするリーダーは優秀な人です。ふつうのリーダーが真似できる代物ではありません。

間違っていてもいいので、すみずみまで考えて計画を立てきるのです。「経験がないのだから間違って当然」というくらいの気持ちで、はじめは辻つまを合わせてしまうような考えでつくっても構わないのです。進めながら、計画を修正して精度を高めるようにしましょう。まずは**「計画を最後まで立てきる」こと**です。

▶ 41 先が読めないからこそ、計画を立てる

□必ず「計画」を立てきる

「計画」は先が読めない、よくわからないからこそ、
しっかり立てきる

経験のないものは、あいまいになりがち

しっかりした「計画」は経験が必要

↓

レベルの高い仕事ができるようになるのははるか先

↓

「あとは、出たとこ勝負だ！」で何とかするリーダーはもともと優秀なリーダー

よくわからないからこそ、「計画」を立てる

↓

「あいまいにしておく」のではなく、「とり合えず決めてしまう」

↓

ふつうのリーダーはすみずみまで「計画」をつくり込む

Tips 42

計画は終わりから立てる

計画を立てる基本（2）

上司の指示にしたがって、いわれるままに作業をしていたようなときは、目の前の仕事から順番に行っていればなんとかなったかもしれませんが、リーダーになるとそれではいけません。仕事をゴールから考え、計画をつくらないとなりません。ゴールとは、めざすところ、仕上がりのすがたのことです。

その仕事のめざすところ、仕上がりのすがたを考えて、その1つ前は何ができていないとならないか、何をそろえておかないとならないか、その1つ前は……と、終わりから逆に考えていくわけです。

しかも、仕事には「いつまでに」という期限があり、重要な仕事ほど期日は短く、綱渡り状態というのが普通です。「最終のすがたに持っていく前に、いつまでにこれをしておかないとならない、するとその前にこっちはいつまでに必要になる」など、期日がタイトについてまわり、終わりからさかのぼってスケジュールを組み立てることになります。

ドラマは初めから見ていくから面白いのであって、最初に結末を見てしまうと興ざめしてしまいますが、**仕事は終わりからイメージしないとならない**のです。

▶ 42 計画の「終わり」とは「めざすゴール」だ

□計画が立てられてこそ、リーダーだ

目の前の仕事から順番に
行っている間は
リーダーになれない

ドラマや映画は
最初に結末を見てしまうと
興ざめだが、計画は
ゴールから考える！

□「計画」は終わりから立てる

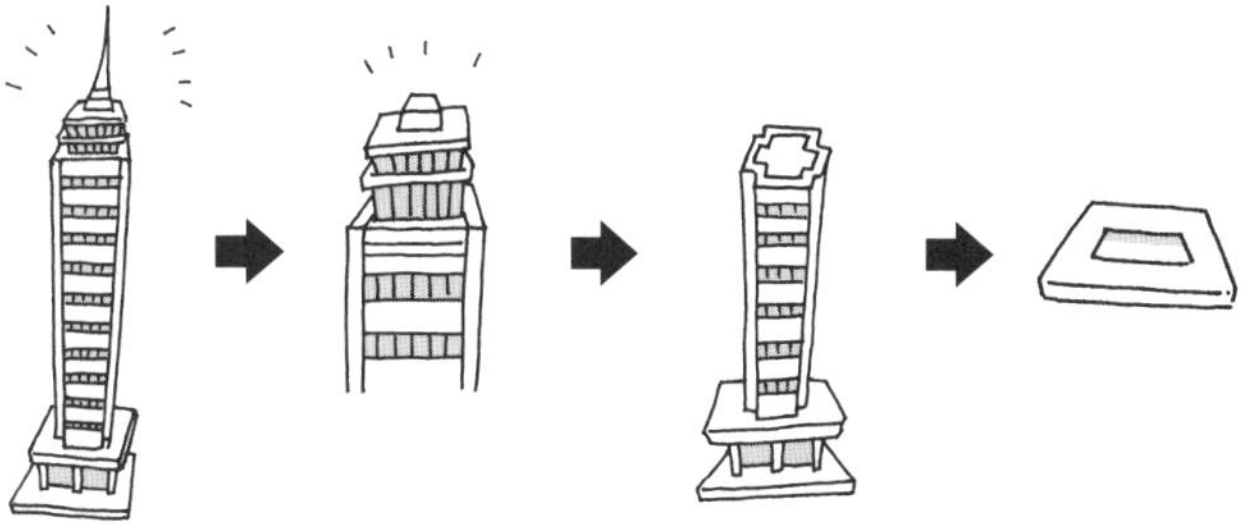

完成！

次はいつまでに
ここまでつくる

その次は
いつまでに
ここまで

いつから
始めなければ
ならない

Tips 43

「気配り」の視点で「段取り」を考える

計画を立てる基本（3）

「段取り」とは実際にものごとがスタートする前の一連の手続き、下準備のことです。つまり計画の一部といえます。リーダーを任せられるかどうか、会社や上司が最初に目をつける1つが「段取り」ができているか、「段取り上手」かです。

なぜなら、ほとんどの仕事は「段取り」の良し悪しで決まってしまうことが多いからです。実際に作業などがスタートしてしまってからできることは、少ないといえます。とくに人を使ってする作業などは、「あれが抜けていた」と作業がはじまってから気がついてもすでに手遅れで、作業者が右往左往するだけになりかねません。

一般に工場などでは、1つの作業工程に対して、するべき「段取り」があらかじめ決まっています。したがって、**リーダーの役目はその「段取り」をスピーディにぬかりなく確実にできるかどうか**です。ただし、決まっている「段取り」でも、工程の順序の入れ替えがあったりなど、作業の状況はつねに変化しますので、多少の応用も効かさないとなりません。そのときに大事な点は、作業者の立場でイメージすることと、「作業がやりやすく、はかどるには」と考える「気配り」の視点です。

▶ 43「段取り」からはじめよう

□会社や上司は「段取り上手」かどうかを見ている

まったく
先にいっといて
くれよ！

作業が始まってから「あれが抜けていた」では作業者は右往左往してしまう！

すみずみまでイメージすること

工場などではあらかじめするべき段取りが決められている。
決められた段取りはスピーディにぬかりなく確実かどうか！

ああなって
こうなって…

段取りのポイント

1. 作業者目線で考える

作業はやりやすいか、安全か、どうすればもっとはかどるか、「気配り」の視点が大事。

2. ポイントをメモする

自分で思うポイントをノートなどにメモしておく。
マニュアルがあれば、ポイントを書き込んでおく。

Tips

44 「こんなこともあろうか」と頭に描く

多くの困難を乗り越えて、みごとにミッションを果たし、２０１０年6月に7年の旅から帰還した小型惑星探査機「はやぶさ」は世界中から賞賛を受けて、日本に明るい話題を提供してくれました。

宇宙空間を数年間飛行する計画で、途中で何かあってもそこで直接手をくだすことはできません。まさに「段取り」がすべてだったわけです。

実際、帰還の途中で４つあったイオンエンジンがすべて止まり、これでお手上げかと思われました。そのときに、生き残っていた1つのエンジンパーツとやはり作動可能だった別のエンジンパーツとをつなぐ回路を起動させて、エンジン一基を復活させ、無事帰還することができました。

そのイオンエンジンを設計した国中均教授が次のように語っています。

「こんなこともあろうかと思って、こっそり余計な回路を組み込んでおいたのです。」

この**「こんなこともあろうか」と頭に描くことがまさに「段取り」の真骨頂**といえます。

「はやぶさ」はまさに究極の段取りで帰ってきたわけですね。

▶ 44「もしも……」に備える

□事前に考えておく

□□に時間がかかってしまったら？
すんなり予約がとれなかったら？
もしも○○がうまくいかなかったら？
もし最後にアクシデントが起きたら？
ありとあらゆる可能性をあらかじめ考えておく
こんなこともあるだろうと思い、このプランを考えていました。
ピンチにもあたふたしない！

すぐれた「段取り」とは、決められた準備だけでなく、いろいろなケースを想定して読み切っていること

Tips
45 スケジュールは「工程」で立てる
計画を立てる基本（4）

スケジュールは実施項目と日程・時間割からできています。有能なリーダーかどうかは、いかに大きく実施項目をとらえているかです。

実施項目は「工程」として考えます。計画が苦手な人は、自分が得意ではなかったり、不安な部分にばかり目がいき、細かなところばかり気にして、大きくとらえることができません。大きくとらえるには、仕事を成し遂げるまでの過程をその内容で**「工程」として区切る発想が大切**です。「工程」というと工場や工事現場の用語のように思われますが、すべての計画に「工程」という考え方を持ちましょう。

たとえば、例としてわかりやすいように庭に花壇をつくる工事を考えてみます。あなたは3人の職人のリーダーで、図面をもらい施工を任されました。スケジュールを立てるにあたって、まず工程を考えます。大きく、次の5工程としました。

「①手配→②施工段取り→③施工→④検収・修正→⑤完工」

あとは、完了の日から逆算して、1～5の工程をスケジュール化するだけです。少なくともいつまでにとりかからないとならないかなど、日程をざっくりつかむことです。

▶ 45「工程」を理解する

□「計画」は「実施項目」と「日程・時間割」からできている

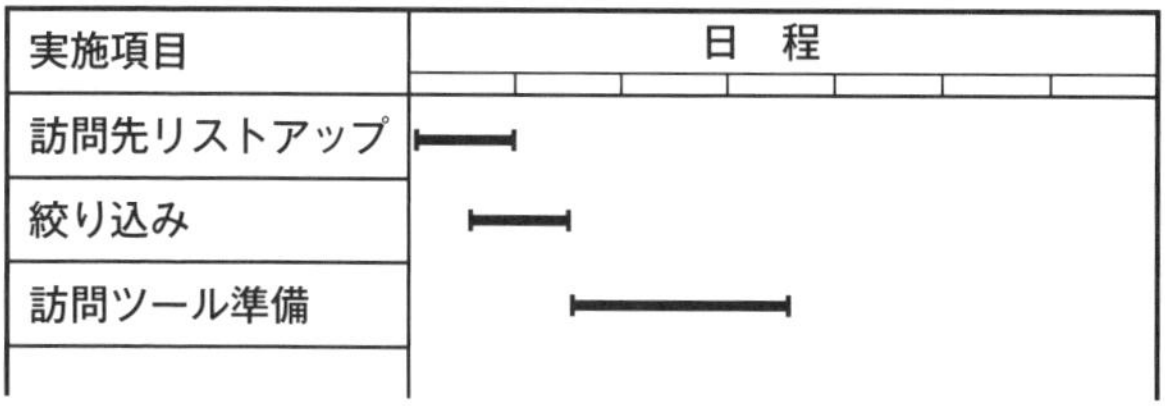
実施項目
日　程
訪問先リストアップ
絞り込み
訪問ツール準備

□「実施項目」は「工程」として、大きく区切ってとらえる

たとえば、
庭に花壇をつくる
工事を計画すると…

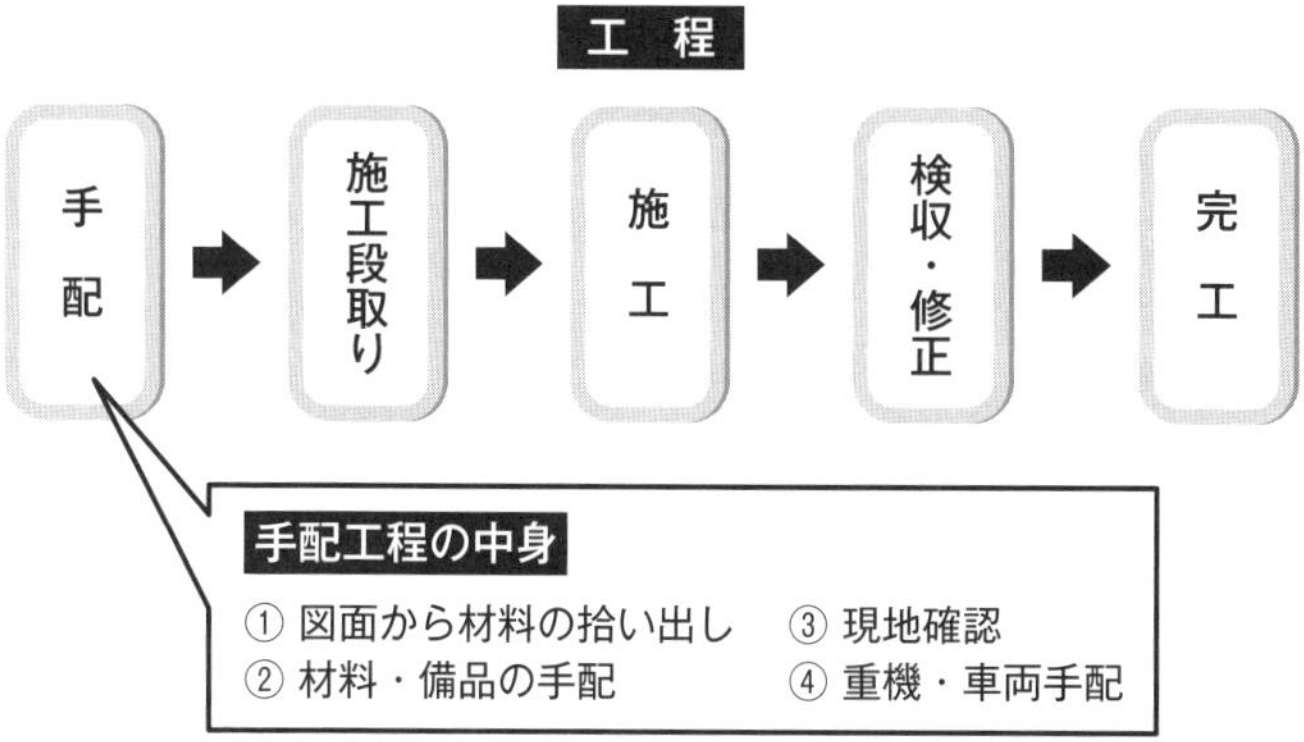
工　程
手配
施工段取り
施工
検収・修正
完工
手配工程の中身
① 図面から材料の拾い出し
② 材料・備品の手配
③ 現地確認
④ 重機・車両手配

Tips
46 計画は「工程」で考える

計画を立てる基本（5）

各工程の中身である実施項目をリストアップします。内容ごとに見出しをつけ、自分でリストアップできれば、リーダーとしての「計画力」は、ほぼ合格点です。

たとえば「手配」だと、①図面から材料の拾い出し、②材料・備品の手配、③現地確認、④重機・車両手配などとなります。これらをスケジュール表に組み込み、各工程をもう一度調整します。これでスケジュールは完了しました。ここまでできれば、仕事は半分終わったも同然です。あとは各工程を粛々《しゅくしゅく》とこなすだけなのです。

この例のように、計画を大きく「工程」でとらえると、「工程」はするべき順番がほぼ決まっていますので、全体の把握が容易になりますし、計画づくりのパターン化ができます。それに対して、工程の中身の実施項目は、状況に応じて優先順位が変わります。この**「優先順位」の判断の良し悪しが実行段階における事実上のリーダーの力量**となります。

スケジュール表の上で実施項目の「優先順位」を「これでもか」というくらい考えてみることが力量をアップさせます。小さな計画を任されているあいだに「工程」の「優先順位」に悩んで鍛錬しておくことです。

▶ 46「工程」の中身を考える

□完了の日から逆算して「工程」を組む

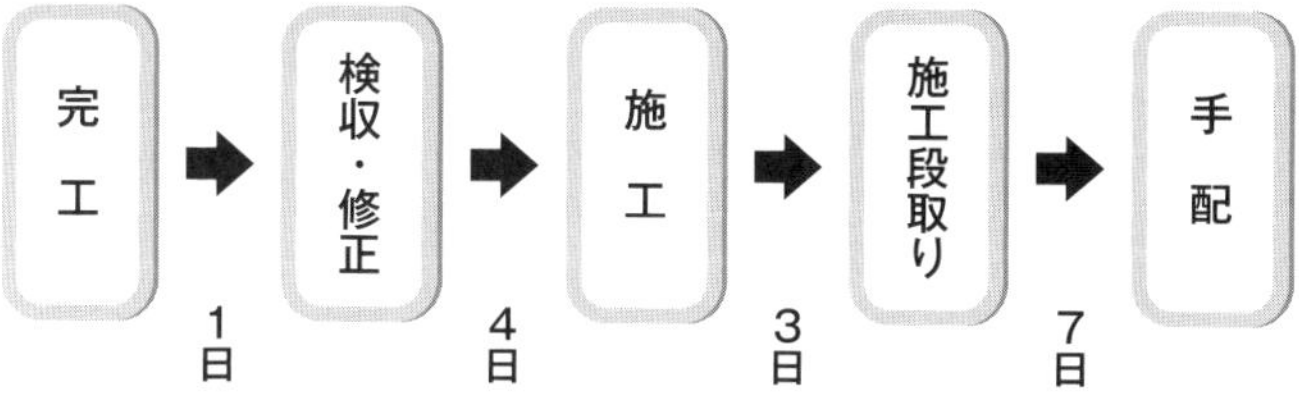
完工
検収・修正
施工
施工段取り
手配
1日
4日
3日
7日

・「工程」でスケジュールが納まれば、仕事は半分終わったも同然。

・「計画」を「工程」で頭に入れておくと、全体をつかみやすい。

・また「計画づくり」をパターン化できる。

・「工程」の中身の「実施内容」は状況に応じて優先順位が変わるが、「工程」は通常変わらない。

複数の仕事が重なっても、「工程」を組み合わせ、「実施内容」を詰めればOK!

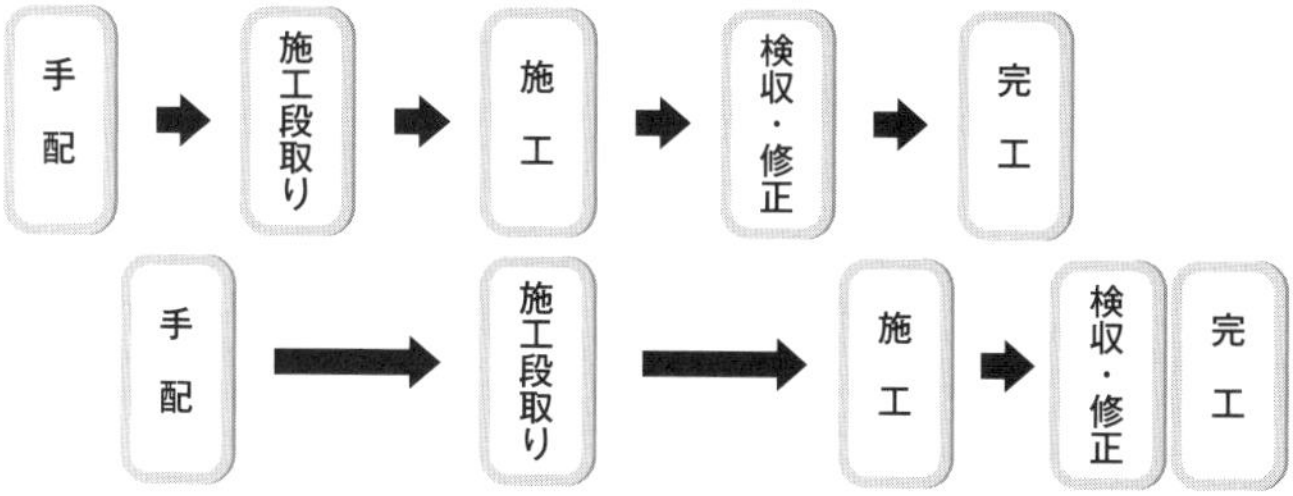
手配
施工段取り
施工
検収・修正
完工
手配
施工段取り
施工
検収・修正
完工

リーダーは工程の中身をこれでもかというくらい、ぬかりなく考えよ!

Tips
47 計画の精度を高める仮説の立て方

計画を立てる基本（6）

計画はすべて、あなたの想定内でつくられたものにすぎず、確かなものではありません。これを「仮説」ととらえることで、計画の精度を高めることができます。

ところで、**「仮説」とは、「こうすれば、こうなる」と想定すること**にほかなりません。うまくいった場合はその「仮説」が正しかったといえるわけですが、うまくいかなかった場合は、「仮説」がどこか、間違っていたことになります。「こうしたのに、こうならなかった」原因がどこにあるかをさぐることになるわけです。

そこで、「工期が遅れたのは、あそこの手配のタイミングを読み違えていたからだ」などといったように原因を探り、次の計画の際には一部を修正して、再び新しい「仮説」をするわけです。こうして、計画の精度が高まっていきます。

現在のように変化の激しい時代には、「やってみなければわからない」ことが多いのです。とくに営業や販売、企画などにはこの考え方が大切です。小さな会社では、1つ間違えれば会社の存続が危うくなるような大きな賭けとなる「仮説」は向いていませんが、小さな「仮説」は大きな武器となり得ます。今までのやり方が本当に正しいかなど、**仮説を立**

てて検証してみる必要があるのです。

店舗販売での例で考えてみましょう。

「マニュアルでは、来店したお客さまにすすんで声をかけることになっているが、うちの店に来るお客さまは商品をまず自分でいろいろと見て、それから決めるタイプが多いように思う。少しタイミングを遅らせて声をかけるようした方が購買につながるのでは」

このような「仮説」を店長が立て、「一度、スタッフにやらせてみよう」と、実行するわけです。

やってみれば、マニュアルが正しかったのか、自分の「仮説」が正しかったのか、すぐにわかります。

実行して2週間後、数字を見ると成約率が少し上がっています。「仮説」は間違っていなかったようですが、思っていたほどではありません。すぐにスタッフを集めてミーティングを開き、意見を聞いてみます。すると、タイミングだけでなく、「声のかけ方」でも随分と違うらしいことがわかってきました。

そこで、スタッフの意見をもとに3パターンの「声のかけ方」を全員が3日ごとに替えて実行してみることにしました。新しい「仮説」の実行です。

その結果、1つのパターンがダントツで成約率が上がることがわかりました。とうとう「仮説」が大きな成果につながったわけです。

そうしてしばらく続けていたら、スタッフのひとりから「声をかけるときにお客さまへの近づき方でも変わるように思う」という提案がありました。店長は、早速、また新しい「仮説」を全員で試してみることにします。

この例のようにリーダーはこれまで慣習的に立てていた計画を「仮説」として見る頭を持ち合わせていれば、壁にぶつかったときに乗り越える手助けになるでしょう。

また、部下やメンバーに「仮説」の立て方と使い方を教えることで、自分が抱える問題を部下自身で解決に導かせることにもつながります。

ただし、「仮説」は結果とのズレの中から試行錯誤し、答えを導こうとするものですから、失敗、間違いはついてまわります。よって、**失敗よりもチャレンジに価値がある、失敗は必要経費くらいに考える心積もりが必要**です。

また、変化の激しい時代には、「仮説」をゆっくり「検証」していたのでは、役に立ちません。「仮説」から「検証」「再仮説」と、スピーディにまわさないとなりません。

▶ 47「仮説」で問題を解決する

□「仮説」を活用する例

事実の検証

うちの店に来るお客さまは商品を自分で見て決めるタイプが圧倒的に多いようだ

→

仮説

タイミングを遅らせて、声をかけた方が購買につながるのでは……

↓

一度、スタッフにやらせてみよう！

2週間実行

←

やっぱり数字が上がっている。でも思ったほどでは……

↓

ミーティングでスタッフの意見を聞くと「声のかけ方」でもずいぶんと違うらしい

→

再仮説

購買につながる
「声のかけ方」がある

↓

「声のかけ方」を3パターンに絞り、全員が3日ごとにパターンを替えて試すことに

←

大きな成果

1つのパターンで成約率がダントツでアップ！

Tips 48

計画は「トレース」せよ

計画を立てる基本（7）

計画の実行を振り返って確認することを「トレース」といいます。やってきたことをもう一度たどり、なぞるわけです。

「トレース」はとくに難しいことをするわけではなく、仕事の基本的な技術です。一般に、会社ではわざわざ教えたりしません。よって、「トレース」を活用できていない人やうまくできない人は意外に多いのではないでしょうか。リーダーは自分の「トレース」はもちろん、メンバーにも自身の「トレース」をさせましょう。たとえば、左頁の例は、上司が質問を投げかけ、リーダー本人に「トレース」させています。

会社の仕事では「トレース」はとても重要で、次のようなメリットをもたらします。

① やってきたことの要点がつかめる

② 問題点やポイントが見つかる

③ 他の人と仕事を共有できる

メリットは多大です。チームで習慣にしてしまいましょう。「トレース」は、リーダーが活用すべき必須アイテムなのです。

▶ 48「トレース」とはなぞること

□「計画」も「仮説」もトレースが大切！

リーダーと上司のトレースの例

リーダー　　　　上司

リーダー：「結果は間に合いましたが、危ないところでした。」

上司：「間に合わせたのはよくやった。でも、期日に間に合うかで、ひやひやしただけか？」

リーダー：「…いえ、残業せざるを得なく、想定以上に人件費がかさみました。」

上司：「どこが問題だったと思っている？」

リーダー：「そうですね、要望すべての決定を待っていたことが原因と考えています。」

上司：「そうだな。でも今回の経験を踏まえて、次回のために対策はなにか考えてあるのか？」

リーダー：「お客様の要望がほぼ決まったところで、業者を選定し、あらかじめ発注するものや数量、日程を相談しておこうと思います。」

上司：「そのようなことが本当にできるのかな？　あとで変更になったら、余計に混乱するのではないのか。」

リーダー：「お客様との打ち合わせで、骨格となる大きなものから固めていきます。そのために、検討リストを優先度の高いもの順でしっかり作っておくようにします。」

上司：「今回の案件で、打ち合わせを実際にどうすれば良かったか、その考え方で一度、検討リストを作成してみてくれ。すると、可能かどうか、よくわかるだろう。」

リーダー：「はい、そうしてみます。」

Tips 49

計画とのズレを見つける

計画を立てる基本（8）

トレースを活用し問題を見つけ出さなければなりませんが、経験の浅い新人などは問題に気づかず、スルーしがちです。

左頁の例は上司と新人とのやりとりです。上司は新人の説明から、いろいろと仕事のネタを見つけますが、新人は「トレース」をしても、なかなか見つけられません。同じこと、同じところを見ていても、気がつかないのです。それは経験が少ないため、情報を感知するセンサー、つまり重要と認識する受け皿を持ち合わせていないからです。

では、どうすれば早くベテランのセンサーを持てるようになるかですが、その1つがズレの確認です。**トレースで大事なのは、計画とのズレを見ること**です。

この新人営業の例だと、ズレは「説明ができなかったこと」です。このように、ズレを押さえることができれば、次にズレの原因を考えます。このケースでは、「訪問の目的を正確に理解できていなかったこと」がズレの原因といえそうです。ズレの発見と分析で、新人のセンサーも変わるはずです。

▶ 49「トレース」でズレを見つける

□「計画」とのズレを「トレース」で発見する

新人営業の「トレース」の例

新人営業担当が新規開拓の訪問営業から戻ってきて、上司に今日あったことの報告をし、トレースをします。

上司「そこで相手担当者はなんと言ったのだ。」

新人「『うちが今、困っているのは別のところだから』と。」

上司「それで、そのまま帰ってきたわけか。」

新人「ええ、うちの製品にはまったく関心なさそうでしたので。」

上司「だが、アポまで取れていたのだろ。なにか、するべきことがあったのではないのか。」

新人「うーん…。よくわかりませんが。」

トレースしても問題点をスルーすることも……

上司「訪問の目的はなんだっけ？」

新人「わが社の製品を説明し、関心を持ってもらい、受注につなげること。」

上司「それができなかったわけだから、それが予定とのズレだな。じゃあ、なぜ説明できなかったのだ。」

新人「他に困っているところがあったから…。あ、そうか。それを聞けば良かったのか。」

上司「そうだ。訪問の目的は、相手にまず関心を持ってもらうことだろ。そうしないと、説明もできない。」

新人「はい、次から相手が何に関心を持っているのか、聴き出すようにします。」

ズレを見つけ、ズレを分析するのが、「トレース」。そのリードをするのがリーダーの役目です。

Tips
50 仮説を立てなおす

計画を立てる基本（9）

仮説をもとに計画を立てて、実行したことをトレースします。そして、計画とのズレを確認し、問題をみつけ、次の手立てを考えます。次の手立ては当初の仮説を再トライする場合もあるでしょうし、まったく新たな仮説を立てる場合もあるでしょう。

たとえば、ある上司が次の仮説を立てて、新人に実行させてみたとします。

「自分の力で訪問営業をさせ、1件でも受注をとり、営業の面白さを体得させれば、あとは自分で学習し一人前になるはずだ。それには、とにかく件数をまわらせることだ」

ところが、思うような成果を得られなかったため、軌道修正するわけです。

「件数も大事だが、このままだと同じ失敗の繰り返しだ。訪問の一番の目的を『受注をとる』から『関係づくり』に変えてみよう」

このように、仮説から再仮説へとぐるぐるまわします。いわば、試行錯誤の繰り返しです。指示は与えられるものですが、**試行錯誤は自分で「答えさがし」ができるわけですから、やらされ感がなく面白いはずです。**この試行錯誤の面白みをリーダーは早く実感して欲しいものです。また、同時にメンバーにも体験させてみましょう。

▶ 50 試行錯誤の答えさがし

□「仮説」を修正し、「答え」の精度を高める

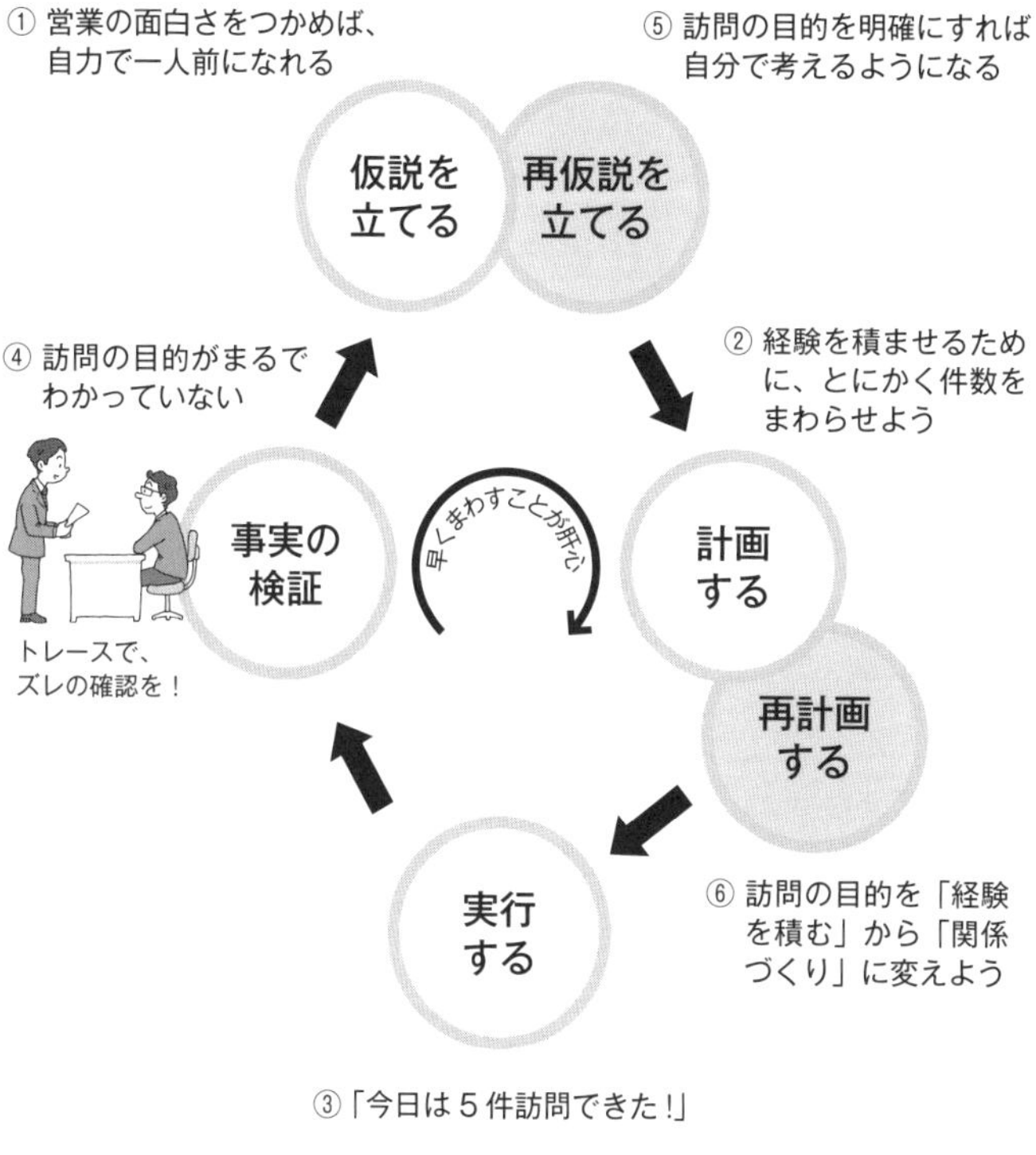
① 営業の面白さをつかめば、
自力で一人前になれる
⑤ 訪問の目的を明確にすれば
自分で考えるようになる
仮説を
立てる
再仮説を
立てる
④ 訪問の目的がまるで
わかっていない
② 経験を積ませるため
に、とにかく件数を
まわらせよう
事実の
検証
早くまわすことが肝心
計画
する
トレースで、
ズレの確認を！
再計画
する
実行
する
⑥ 訪問の目的を「経験
を積む」から「関係
づくり」に変えよう
③「今日は５件訪問できた！」

「仮説をまわす」は、いわば「答えさがし」の試行錯誤。
この試行錯誤を覚えれば、仕事はずっと面白くなる

Tips
51
計画を立てさせる

メンバーを動かし、継続して成果をあげていくためには、リーダーと同じ「計画を立てる技術」をメンバーにも身につけさせることです。

「仮説↓計画↓スケジュールの実行↓トレース↓ズレの確認↓問題発見↓次の手立て↓再仮説↓……」

この繰り返しをメンバー自身にも実行させます。その流れをリーダーはトレースすることで、メンバーの仕事をコントロールできるようになります。

メンバーにこの技術を覚えさせるのは、それほど難しいことではありません。

まずは、計画を立てさせることです。リーダーがメンバー自身の計画にかかわり、自分がしたと同じようにすみずみまで考え抜いた計画を立てさせます。リーダーがつくってしまってはいけません。本人に考えてもらわないとなりません。

そのために**効果的な方法は、質問をして進めること**です。「ここはどうなっているの」「この順序で間違いないのか」「他にすべきことはないのか」「この期間で間に合うのか」など、疑問点をたずねて本人に考えてもらうことです。

▶ 51「計画」と「仮説」を立てさせよう

□「計画」と「仮説」をメンバーに教える方法

「計画」と「仮説」の技術をメンバーにも教えよう

メリットは大きい！

メンバーができるようになれば

- メンバー自ら動くようになる
- 現場が活性化する
- チームのコントロールが楽になる

まずは「計画」を立てさせよう

↓

そのためには、「質問」で進め、すみずみまで考えさせよう

「計画」を実行したら、自分でトレースさせよう

↓

そのためには、質問をして答えさせよう

「仮説」を考えさせよう

↓

そのためには、「○○すれば、どうなる？」の質問で考えさせよう

Tips 52

「トレース」の4つの質問

計画を立てる基本（11）

あるメンバーが計画を立てて実行し、トレースの段階まで進んだとします。このとき、リーダーは本人にトレースさせ、それを確認するようにします。つまり、自分でトレースするように仕向けるのです。

トレースでも、質問をする技術が役に立ちます。ここでの基本の質問は4つあります。**「どこまで進んでいるか」「問題、障害はないか」「見通しはどうか」「次にすることは何か」**です。

トレースをさせて確認をするなかで、たいていは計画の変更が起こります。ふつうはピシャッと計画通りにいく方がまれでしょう。「計画が甘かった」「すみずみまで読んだつもりが読みきれていなかった」など、計画の建て直しはついてまわります。でも、その時点で精一杯の計画を練らせることで、本人は成長していくはずです。

メンバーに計画を立てさせ実行させることは、もっとも効果的な育成方法なのです。しかも、何よりもリーダー自身の計画力が上がることはもちろん、人と仕事を動かす力がつくといえます。

▶ 52「質問」には基本がある

□4つの基本の質問で本人にトレースさせる

1. どこまで進んでいるか？

計画や仮説とのズレの認識を同じにすることが大切。

本人は意外と、「計画は計画、実際とは違うもの」くらいに考えていたりします。

2. 問題、障害はないか？

計画が順調なら、余計なことはせず、任せておく。

問題点、原因、対処法を確認し、認識を同じにする。

実際にはすぐにリーダーも答えられない問題がほとんど。

「一緒に考える姿勢」を示そう。

3. 見通しはどうか？

計画達成の見通しを本人がどう考えているかです。

特にツメの確認が大切。本人がツメをどう考えているか、質問をして具体的に引き出そう。

4. 次にすることは何か？

この質問さえしておけば、計画は確実に進む魔法の質問です。

「それで、次は何をする ?」、「それは、いつにする ?」と訊くことで、本人の理解度がわかる。的はずれな返答は軌道修正させよう。

第5章

《5つ目の道具》教える技術 編

Tips 53

リーダーに期待することは2つ

指導の基本（1）

人はたいてい、自分が教わってきたように他人にも教えます。それも大切なことですが、基本の考え方を知っておくと、指導の技術が上がり、さまざまなタイプの部下や後輩にも応用が利いて、いき詰まったりすることが少なくなります。

この章で示したことは、すでに知っている、わかっていることが多いと思いますが、まずは指導の基本をしっかり学習しましょう。

多くの会社はリーダーに、部下や後輩の指導を期待しています。指導はリーダーの大事な役割の1つです。新入社員などには、できるだけ早く一人前になってもらい、会社は戦力としてカウントしたいのです。

ただし、指導の仕方にも段階があります。**「手本を示して教える指導」から「理屈を示して教える指導」まで**です。

リーダーに選ばれる人は、たいていは「仕事のできる人」で、その「仕事」とは現場の実務のことです。したがって、ほとんどのリーダーやリーダー候補は会社からこの「手本を示して教える指導」を期待されているといって問題ないでしょう。

つまり、**リーダーは理屈よりも、とりあえずはやって見せないとなりません。**そうしてようやく、メンバーは納得するのです。「オレがするのをよく見ておけよ」でやってみせて、リーダーの指導もまずは合格というわけです。

ところで、昔の職人さんは、教えませんでした。というか、教える時間をわざわざとりませんでした。技は「見て盗め」というわけです。

今はそんなことをいっていたら、新人は続きませんし、教えないといつまでたっても伸びてくれません。会社はずっと給料泥棒のままで置いておくわけにもいかないのです。

昔は一人前まではタダ働き同然も普通でしたし、かといって我慢しないと他に仕事もなく、食べていけませんでした。ですから、先輩や親方の技を盗んででも、一人前をめざして必死になって身につけるしかなかったのです。また、指導するベテランの職人の方も、自分たちも同様にして教わってきたわけではないので、教え方を知らないというのもあったでしょう。

ただし、このような「見て盗め」にも一理はあります。

まず自分でなんとかしなければならないわけですから、積極性と自立心が育ちます。わからないところや足りないところは、自分で考えないとなりませんから、時間はかかりますが、その分本当に自分のものとなり、地力がつきます。

では、昔の指導方法に戻れるかといっても、それもできません。社会が変わり、今は働くベースもすっかり変わってしまいました。

今の時代、新人に自分から学ぶ姿勢を待っていても、いつまでたっても伸びないか、仕事を知る前に辞めてしまうかでしょう。したがって一定のレベルまではこちらから積極的に教えることが必要なのです。

そこで、多くの会社が、新人などの指導にあたって、「現場の実地指導」のほかにもう1つリーダーに期待していることがあります。

それは、**「仕事の面白み」をつかませること**です。つまり、かつての職人さんの世界よりもある意味でレベルの高い要求をしているわけです。

▶ 53 手本を示す

□教え方には2つある

① 手本を示す

② 理屈を教える

昔の職人は「技を『見て盗め』」だった

↓

この「見て盗め」にも一理あるが、
今は待っても伸びない人がほとんど……

↓

こちらが積極的に指導することが必要

↓

手本を示せば、
まずは納得

□会社がリーダーに期待する指導は2つ

理想的な指導 ＝ 手本を示す ＋ 仕事の面白みをつかませること

Tips
54 「仕事の面白み」を教える

指導の基本（2）

「仕事の面白み」をどのようにしたら、新人に早くわかってもらえるのでしょう。「自分で気がつくしかない」といってしまえばそれまでなのですが、気づくその前に辞めてしまう人が多いのも事実です。

たしかに「本人が悪い」のですが、「自分で気がつく」のを待っていたら、小さな会社の場合は人をいくら採っても定着せず、採用の費用と労力で会社が傾きかねません。

そして、「仕事の面白み」を教えるのは、それほど難しいことではありません。方法は大きくくくると、３つあります。

１つ目の方法は、**自分自身が楽しんで仕事をすること**です。

リーダーが毎日うっとうしい顔をしていては、「仕事はたいへんな分、やりがいがあるぞ」といくらいっても少しも説得力がありません。やはり、リーダー自身が仕事をこころから楽しんでとり組んでいる姿を見せるのが一番なのです。

先に述べた「手本を示す」というのは、仕事そのものの手本だけでなく、「仕事への姿勢」

や「仕事はたいへんだけれども、なんだかイキイキととり組んでいる」という姿を見せることも大切なのです。後輩や部下は、先輩や上司のそういう姿を本当によく見ているものです。

2つ目の方法は、**成功体験**です。

関与先の会社で入社5年から10年目くらいまでの方に、新卒採用の応募者へアピールする文章として「自分が仕事にやりがいを感じるとき」や「自分が担当する仕事の魅力」を書いてもらったことがあります。

皆さん、ふだんはそのようなことをあまり考えたことがないようでしたが、書いてみると案外、いろいろ出てくるものです。リーダーになったら一度、書き出してみるのがいいでしょう。あらためて考えてみると、ふだんは思いもよらなかったことに気がついたりします。

関与先の例ですと、「急ぎでしかも無理な注文になんとかこたえて、お客さまが喜んでくれたとき」など、自分の成功体験を書く人が多く見られます。それを新人に早く知ってもらうにはどうすればいいかを考えると、解決につながります。たとえば、「お客さまの無理難題な要望にあえてトライさせる」などは、よさそうです。

３つ目の方法は、**少し困難な仕事を与えること**です。

ちょっと考えないとならない、ちょっと技術が必要な仕事にチャレンジさせてみることです。ささいな仕事であっても、少し難しい内容のものを任せてみるのです。

あるいは、自分ひとりで完結できる仕事を最後まで任せてみることです。それをやり遂げたときの達成感は何よりの教育となるはずです。特にはじめて任された仕事でやり遂げたことは、のちのちまでずっと覚えているものです。

しかし、これらのことは意外に軽んじられています。多くの会社で「仕事の面白み」という観点から、「仕事を任せてみる」ということが行われていません。いつもより、少しハードルを高くして、考えさせる、苦労させてみることです。そして達成できたら、まずほめるということにリーダーは一度トライしてみるといいでしょう。

「考えさせる」については、次の項でもう少し詳しくとりあげます。

▶ 54「仕事の面白み」を教える

□「仕事の面白み」を教える3つの方法

1. リーダー自身が仕事を楽しんで
取り組んでいる姿を見せる

仕事はたいへんだが、
その分オモシロイ！

2.「成功体験」を味わわせる

急ぎで無理な注文に何とか応えてくれたから、お客さまがほめてたよ！
やったー！

3.「ややハードルの高い仕事」を与える

たとえば、
- ちょっと考えないとならない仕事を任せる
- ちょっと技術が必要な仕事を任せる
- 最後までひとりでやらせ、やり遂げさせる

Tips
55 「自分で考える力」をつけさせる

指導の基本（3）

会社には、自分で考える人と、自分で考えない人がいます。

自分で考える人とは、一を聞いて十のことができるような人で、自分で考えない人とは一を聞いたら一しかできない人のことです。

自分で考える人は放っておいてもレベルアップしてくれますが、**自分で考えない人はこちらから何も働きかけないでいると、ずっとそのまま**です。

もちろん、前者の自分で考えるメンバーが多い方が助かります。できるものなら、メンバー全員をそうしたいところです。今の時代、リーダーはひとりでも多く、「自分で考えられる力」を身につけられるように仕向けなければなりません。

昔の職人さんは、弟子に仕事のやり方を教えませんでしたので、お弟子さんは自分で考えて仕事を覚え、技を身につけるしかありませんでした。

でも、それは「自分も一人前の職人に早くなりたい」という切実な欲求があったからですが、今、そのようなハングリー精神旺盛な人は少数派です。多くは、「まあ、ぼちぼちに」

「いわれたことをきちんとやっておけば」というタイプです。

そのようなぼちぼちタイプの人も一人前の戦力になってもらい、いちいち細かいことをいわなくとも、まとまった仕事を任せられるようになってもらうには、やはりうまく指導しなくてはなりません。

そして、ぼちぼちタイプの人にも、「自分で考える力」をつけてもらうコツがあります。方法は2つです。それは、**「少しだけ考える箇所をつくって与えるやり方」**と**「競争心をあおる方法」**です。

少しだけ考える箇所をつくるとは、たとえばパズルを完成させたいときに、ピースがはまる箇所全部を教えずに、あとは任せきるような課題の与え方です。

ピースをあと10枚はめれば完成だと、めんどうで考えてくれないかもしれませんが、あと5枚だと、ほんの少し頭を使うだけで完成できるわけですから、考えてくれそうです。

逆に、あと1、2枚だと頭を使いませんし、達成感もありません。

たとえば、作業チェックリストを与えるにしても、そのまま渡さずに少し考えてもらいましょう。10項目あったら、7つはあらかじめつくって渡し、あとの3つは考えてもらうようにします。ほんの少しだけ頭を使わなければならないこの方法は、なんでもないことですが、意外に効果が上がります。

次に競争心をあおるやり方とは、ミーティングなどで、メンバー全員に同様の課題を与えるようなものです。負けたくない意識が働いて、自分で考える効果を高めます。真剣にとり組むことでしょう。さらに、みんなで検討したり答え合わせをすれば、もっと刺激を与えることになるはずです。

たとえば、「○○の改善案を1つ以上」とか、「○○トラブル時に報告すべきこととその順序」、「○○作業で気をつけるべきことを3つ以上」など、はじめは誰もが答えられるものから考えてもらうのがいいでしょう。

ただし、問題はこのような指導の仕方は忙しいときなどには、なかなか実行する時間がないことです。いいとはわかっていても現実には仕事の納期が迫っていたりして、余裕がありません。

したがってリーダーは、ふだんからこのようなネタを仕込んでおくことが必要です。そしてチャンスがきたら逃さず、**タイミングを見計らって実行すること**です。

▶ 55 自分では何も考えない人を成長させるには

□自分で考える力をつけさせる

「いわれたことをきちんとやっておけば」
というぼちぼちタイプの人は多い

⬇

「自分で考える力」をつけさせる方法は２つある

①
少しだけ
考えさせる
「余白」を残す

②
「競争心」を
あおる

1. 少しだけ考えさせる「余白」を残して与える

・パズルのピースをあと５枚だけ
残して与えるイメージ

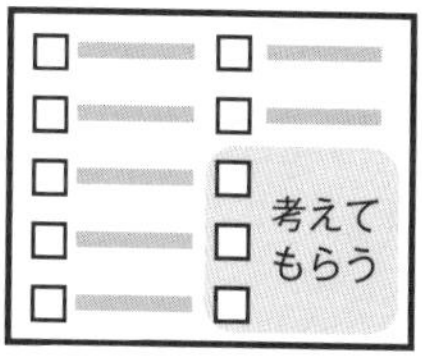

・10項目あるチェック
リストを７つ示して、
あと３つは考えてもらう

2.「競争心」をあおる

・メンバー全員に誰もがとり組める同じ課題を与える。
全員で答えを検討すれば、なお効果あり！

Tips 56

理屈を示して教える

新人に仕事を教えるには、「手本を示す」のが早くて確実です。仕事に慣れてもらうには、真似て覚えるのが一番なのです。ただし、**「手本を示す」指導だけでは、やり方は身につく反面、応用が利きません。**

たとえば、毎月の経理伝票を作成するのにそれほど経理の知識のない新人でも、同じパターンの仕訳なら金額が変わったとしても、難なくできます。ところが、いつもとパターンの異なる取引になると、とたんに困ってしまいます。これは、仕訳の理屈を知らないからです。

入荷商品の収納などでも同じです。日々入荷する膨大な量の商品を倉庫のラックにしまうように、メンバーに指示したとします。仮に、商品の種類を見て、同じような種類が置かれている場所へ納めておけばいいとだけ、やり方を伝えていたらいかがでしょう。

おそらく、すでにある種類や似たような商品の場合は問題なくとも、これまでにないはじめての種類の商品が入荷した場合に、どこに納めていいものかわからなくなってしまいます。

商品の収納場所についての自社のルール、理屈を教わらないと、応用が利かず、イレギュラーには対応できません。勝手な判断でラックにしまってしまうと、今度はとり出すときに捜《さが》しまわらなければならなくなってしまいます。

このような場合、手本を示すだけでなく、**「なぜ、このようにするのか」理屈を教えておくのが重要**です。すると、**少々のイレギュラーが起こっても応用が利くようになります**し、違う仕事への展開もできたりします。

また「なぜこうするのか、このようにする理由」がわかることで、単なる作業であっても、メンバー自身がその作業のほんとうの目的を知ることにつながります。すると、その重要度や一連の仕事の中での自分の役割などがわかってきます。このことは本人の仕事へのモチベーションを高めるはずです。

つまり、理屈を教えれば、本人が責任感を持ちはじめたり、仕事の面白さに気づくきっかけになるわけです。

では、どのように「理屈を教える」のがいいのでしょうか？　教える側のリーダーは2つの点を意識する必要があります。

1つは、リーダー自身も理屈を知っておかないとならないことです。「これまで通り慣習的になんとなくやっている」ことをあらためて見直さないとなりません。「なぜ、このようにするのか」の疑問を持って仕事に当たらないとなりません。地道に1つひとつ点検してみましょう。

もう1つは、説明をする技術が必要となることです。

ただ、理屈を知っていることと、それを人に説明することは別ものです。理屈を説明することはなかなか難しいものなのです。リーダー自身が理屈を整理して、どのように伝えればいいのかを頭に入れておき、わかりやすい説明の仕方を身につける必要があります。

わかりやすい説明の仕方は、これから何の説明をするのかをはじめに伝えたり、結論から入って次に理由を伝えるなどを心がければ、できるようになります。これは練習を積むしかありません。

一見、面倒かもしれませんが、自分が理屈を説明することによって、あらためて気づくことや新たな疑問が出てきたりして、リーダー自身もより深く仕事の意味を理解することにつながるはずです。

理屈を教えることで、リーダー自身がレベルアップをはかれます。

▶ 56 理屈を教えるメリットは大きい

□2つの指導の仕方

① 理屈を示す ➡ 応用が効く

② 手本を示す ➡ マネて覚える

理屈を知らないと、
違うパターンがくると
行き詰まってしまう。

⬇

理屈がわかると仕事は面白くなる！

□「理屈を教える」ためには

① リーダー自身が理屈を知っておく ➡ 疑問を持って仕事にあたる

② 「説明する技術」も身につける

Tips 57 相手に合わせる

ほんとうに「指導がうまい」という人がときどきいます。

ほかでは鳴かず飛ばずだった者が、その人の部下になったとたんに不思議と見違えるようになった、ということが実際によくあります。

「指導がうまい人」にもいろいろタイプがあったりしますが、共通していることが1つだけあります。

それは、「人を見て教える」ことです。相手に合わせて教え方を変えるのです。つまり、**相手のレベル、性格、くせなどを見て、その人に合った教え方をする**ということです。

たとえば新人でも、何度いっても聞きに来ないで自分でやってしまう人がいるかと思えば、なんでもすぐに聞きに来てしまう人がいたりします。

これは、その人のタイプ、特性ですが、違うタイプの人をそれぞれにレベルアップをしようとすると、同じ教え方ではうまくいきません。

でも、指導する側の上司や先輩の多くは、以前に成功した方法で次もうまくいくと思っています。「まったくどうなっているのか。〇〇君の場合はどんどん覚えて伸びたのに、今度の彼は皆目だめだ」などと愚痴をこぼしてしまいます。

「手本を示す指導」であろうと「理屈を教える指導」であろうと、指導は相手に合わせないとなりません。

たとえば、先の例の「何度いっても自分から聞きに来ないでやってしまう人」は、自立心が強く、ある程度自分でやってみないと気がすまない面がある反面、自分の考えをまとめてからとりかかる力が弱かったりします。

ですから、「ここまで進めたら、必ず報告に来るよう」とか、こちらから「あの件はどうなっている」「ざっとでいいから進め方、考えている計画を話してみろ」など、少しやり過ぎくらいにかかわる方がうまくいったりします。

それに対して、「なんでもすぐに聞きに来てしまう人」は、考える力がないというより、人に頼るタイプが多いのです。

このようなタイプには、一度本人自身が考えて、どうすればいいか答えを出してからでないと教えないようにします。教えるほうも我慢が大事になります。

このように「相手に合せて指導する」のは、口でいえばたやすいのですが、実際にはそれほど簡単ではありません。

まず、相手をよく見ていないとどのようなタイプかわかりませんし、レベル、性格、くせなどに対して、どうするのがいいかを見極めないとなりません。

しかも、性格は同じでも、レベルが違えば教え方も変わり、微妙なものなのです。

このようにめんどうなことを「指導がうまい人」は、どうしているかというと、**実は結構、見えないところで試行錯誤しているケ**ースが多いようです。

想定どおりにうまくいっていればその指導方法を続けますが、想定が違ってうまくいかないと思ったら、すかさずやり方を変更したりしているのです。

つまり、「指導がうまい人」とは、いろいろな指導方法をしまっているたくさんの引き出しを持っていて、よく相手を観察し、次々にそれを試せる頭の柔軟な人といえます。

いろいろな指導方法を試せる柔軟さと余裕を心がけたいものです。

▶ 57 教え上手な人は相手に合わせている

□指導がうまいリーダーは、「人を見て」教えている

まったく聞きに来ないで
自分でやってしまうタイプ
最後まで聞かずに
やってしまうタイプ
○○君には
任せてみるか
なんでもすぐに
聞きに来るタイプ
相手のレベルや
性格、くせを
よく観察する！

□試行錯誤して相手に合わせる

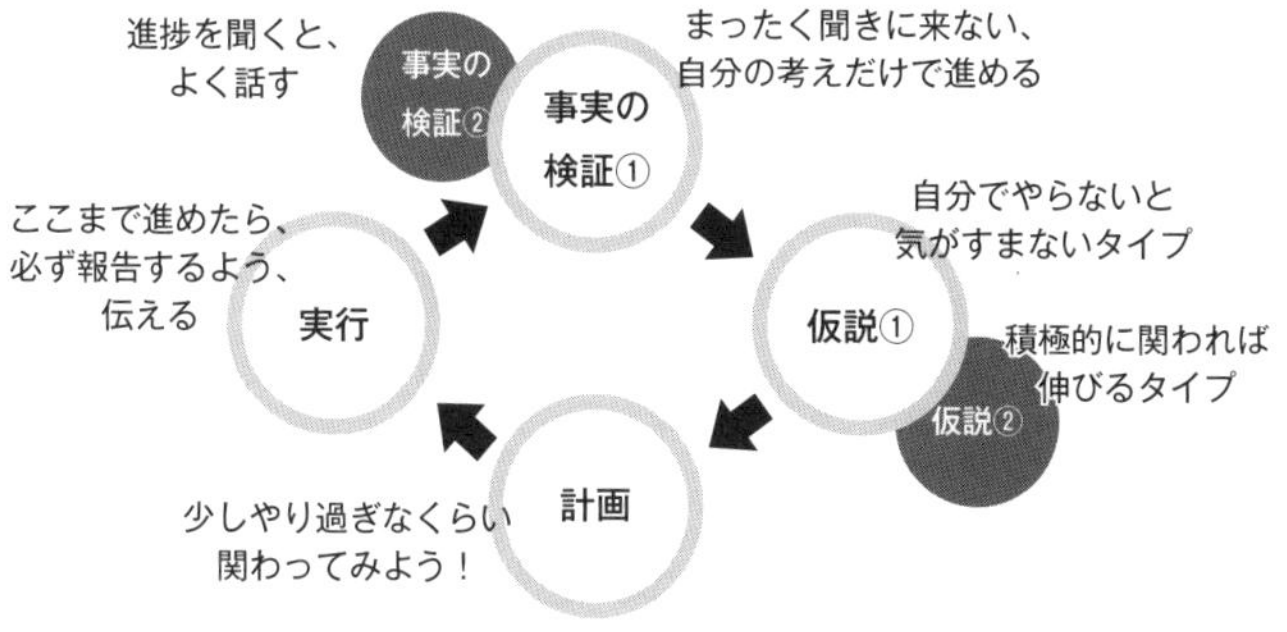
進捗を聞くと、
よく話す
事実の
検証②
事実の
検証①
まったく聞きに来ない、
自分の考えだけで進める
自分でやらないと
気がすまないタイプ
仮説①
積極的に関われば
伸びるタイプ
仮説②
計画
少しやり過ぎなくらい
関わってみよう！
実行
ここまで進めたら、
必ず報告するよう、
伝える

Tips 58

営業の新人を指導するコツ

指導の基本（6）

小さな会社の新人営業の指導は、たいてい実地教育としての「同行営業」が中心です。

小さな会社では、体系だった学習やマニュアルによる指導などは、まだまだできていません。できない理由はたくさんあります。

まず、時間がありません。自らも担当を持つことが多い管理職など、教える側の時間がとれないのです。

次に、教える人がいません。管理職等も実地で学んで営業の経験を積みベテランになったわけで、自分たちも体系だった学習を受けてスキルアップしたわけではありません。そのために、実地研修以外の教え方ができないのです。**教わったことがないことを教えることは、とてもたいへん**なのです。

したがって、どうしても実地研修が中心となり、営業なら「同行営業」となってしまうわけです。

「同行営業」は、「手本を示す」指導が中心です。先輩や上司がどうしているかを見て、わが社の営業のなんたるかを覚えていきます。時間はかかりますが、やる気さえあれば、自立心、考える力を高めます。いずれは自分ひとりで数字をあげていかないとならない営業担当をつくる上では、理にかなった方法といえるでしょう。

けれども、マイナス面も多々あります。

最大の欠点は、「先輩や上司次第」の面が強く出てしまうことです。どのような指導方法をとっても、ある程度はそうなのですが、とくに「同行営業」は極端になりやすい面があります。「同行営業」だけで営業パーソンを育てて来た会社は、歴代の先輩・上司のやり方に考え方が偏っていることが多いものです。

もちろん、それは、会社の個性であり強みでもありますし、いい方に出れば問題はないのですが、上司によって当たりはずれが色濃く出てしまいます。教える人によって、指導にムラが出てきてしまうのです。

また、教え方の偏りで何よりも一番の問題点は、新卒の新人なら慣れてきた頃に、「このままでいいのだろうか」などと本人に考えさせてしまい、これからが本当の戦力というときに退職しかねないことです。

ただ、いずれにしても、小さな会社の営業指導は「同行営業」が中心となるのは、ある面やむを得ないといえます。

そこで、「同行営業」の活かし方を考えます。あなたが「同行営業」を指導する立場になったら、次の2つを心がけましょう。

1つは、**「計画」**です。

たぶん、実践では忙しくて、きちっとした計画など立ててられないでしょう。したがって、営業に出かける前にできる範囲でかまいませんので、今日一日の行動の流れ程度を説明しておくことです。相手先へ何をしにいくか、折衝のポイントはどこかぐらいは、事前に打ち合わせしておきたいものです。

もう1つは**「トレース」**です。

相手先を訪問したことを「トレース」させ、気がついたことや次にどのようなアクションを起こせばいいかなど、本人の考えを説明させます。忙しくて時間がないでしょうから、帰りのクルマの中や歩きながらでかまいません。「トレース」をすれば、本人はめきめき力がつきますし、営業が面白くなるはずです。

「同行営業」だけでも「誰か代わってくれないか」と思っていて、さらに「トレース」なんて、めんどう極まりないと考えているかもしれませんが、やる価値は充分あるのです。

▶ 58「同行営業」の基本

□「同行営業」は手本を示す指導

この先輩の
やり方で
いいのかなあ…

「同行営業」は
長所もあるが、
欠点も多い！

□「同行営業」の欠点をカバーするために、リーダーがやるべきことは２つ

① 事前の打ち合わせ	② 「トレース」の実施

なお、会社のしくみとして、
指導者のローテーションや
小さな研修の検討も必要！

ロールプレイングも効果的！

Tips 59 叱り方の原則①～叱らない人

指導の観点から、「叱る」ということを考えてみます。

リーダーとして問題となるタイプは2つあり、1つのタイプは「叱らない人」、もう1つのタイプは反対に「何かと怒鳴るような人」です。

人を使うのが苦手という人は、だいたい「叱る」のが苦手、あるいは下手です。「叱らない人」は部下がミスや規律違反をしても、はっきりと指摘したりせず、うやむやにしてしまったりします。いわないといけないのは自身もわかっているのですが、つい気が引けてしまいます。

このような人が叱らない理由のいくつかは、はっきりしています。

1つは**相手から「嫌われたくない」というもの**です。「叱る」ことで、「嫌われる」という意識を過度に持ってしまうわけです。

しかし、きちんと「叱る」のは、もちろん相手のためでもあります。

ミスや規律違反をしても指摘をされないと、本人は「それでいい」「このくらいはいいのだ」と受けとってしまいます。新人など若いときについてしまった習慣はなかなか直らないものです。叱られるべきときに叱られなかった人は、結局、いつまでも問題児のままになってしまったりして、本人にも会社にとってもマイナスでしかありません。

もう1つの理由としては、**「叱る」とはイコール「怒らなければならない」と思い込んでいること**もありそうです。上司とかに、必ず怒鳴るような叱り方をする人しかいないと、そのように思い込んだりしてしまいます。「怒らなければならない」と思うと、これまでふだん、ほとんど怒ったことのないような人はプレッシャーになってしまい、いいそびれてしまうのです。

このような「叱らない人」はリーダーとして大きな問題です。でも、救いは本人も「なんとかしたい」と考えている点です。

では、このような欠点はどうすれば改善できるのでしょう。ここでは2つの方法を説明します。

1つは、「叱る」をもう少し幅広くとらえてみましょう。

「指摘する」→「注意する」→「怒る」→「怒鳴る」というように、「叱る」にも段階があると考え、「叱らない人」は「指摘する」と「注意する」に焦点を当て、活用するように心がけます。

ミスや規律違反で、**何より大切なのは間違いを間違いと正すこと**ですから、たとえば「〇〇さん、今は休憩時間じゃないだろ」「ここは違っているぞ。マニュアルをよく見てやり直すように」と、指摘し注意をすることです。このような叱り方から入ると少しプレッシャーから解放され、気が楽になるはずです。

もう1つの方法は、頭のきり替えです。

よく「上に立つものは叱っていくら」とかいうように、**リーダーは「叱ることも仕事なのだ」と思うこと**です。そういう役目と割りきってみるのです。

もっといえば、叱っているのは自分ではなく、役目が叱っていると思うことです。つまり、舞台に立つ役者のように、叱り役をするのです。

このような方法は気持ちが伝わらないとか、本当の自分ではない人格が行っているので逆にプレッシャーを持ってしまうなど、よくないという人もいます。

も、「かたち」から入ることがきっかけとなって、正しく叱ることが普通にできるようになる人も多いと思います。また、「指摘する」と「注意する」までなら、新たなプレッシャーとなることも少ないでしょう。

▶ 59 叱ることもリーダーの仕事

□叱らないタイプのリーダー

メンバーのミスや規律違反を
うやむやにしがち

➡

「言わないと」と思っているが、つい気が引けてしまう

⬇

「怒らないといけない」
プレッシャーで
いいそびれてしまう

⬇

「嫌われたくない」
意識が強い

⬇

叱るべきときに叱らないと、相手に「このくらいはいいのだ」というメッセージを与えてしまう

□改善する２つの方法

**「怒る」ではなく
「指摘する」「注意する」
に気持ちを切り換える**

＝

大切なのは
「間違いを間違いと正すこと」
と考える

**叱ることも
「リーダーの仕事」
と割り切る**

＝

「役目が叱っている」と
思うことも１つの方法

Tips
60
叱り方の原則②～何かと怒鳴る人

ここでいう、「何かと怒鳴るような人」とは、自分の思い通りにならないと、とかくうるさくいうたぐいの人です。まわりは機嫌を損ねたくないし、職場の雰囲気も悪くなるので、いうとおりにしたりしますが、リーダーとして認めて従っているわけではありません。しようがなく動いているのです。

このような人はどちらかといえば、自分がしていることを客観的に見るということができず、気持ちをコントロールすることが苦手です。くちべたな人にも多かったりします。

したがって改善するには、まず**「メンバーが本心から動いていない」**ことを知り、自覚しないとなりません。自分のことがわかれば、半分は解決したも同然です。あとは、仕事の情報をメンバーに丹念に説明する必要があります。また、くちべたということなら、人に説明する力を身につけるようにしましょう。

ただし、そうはいっても、何度注意しても改善されない規律違反や安全に支障をきたす行動などについては、怒鳴ることも大切なのです。でも、それが「いつも」では問題です。たまに怒鳴るから効くわけです。

▶ 60 本心から動いていないことを自覚する

□「なにかと怒鳴る人」も「叱らない人の裏返し」だ

自分だけが仕事を呑み込んでいて、
自分の思い通りにならないと、
とかくうるさくいってしまう

責任感は人一倍あるが、自分ひとり
で仕事を背負っている気持ちが強い。
「わかっていない」他人が腹立たしい。

忙しくなったり、
期日を追い込まれると、
まわりが声をかけにくい状態になる

とはいっても、
たまには怒鳴ることも必要！

□改善する２つの方法

メンバーが
「本心から動いていない」
ことを知り、このまま
ではダメと自覚する

＝

半分は解決したも同然！

メンバーと
仕事の情報を
よく共有する

＝

仕事の内容や背景、
進捗の状況などを
丹念に説明することが大事！

Tips
61
叱り方の原則③～5つの原則

最後に叱り方の基本ルールを押さえておきます。次の点を心がけましょう。

① 部下やメンバーが、ミス、間違いを犯したら、できるだけ早く指摘、注意する

「また、あとで」ではなく、可能なら今、指摘、注意すること。

② 何度指摘しても繰り返すときは、しっかり叱る

本人に「してはいけない」という自覚が見えないときは、怒鳴っても構わない。

③ 他人（とくに上司）の前では、これ見よがしに叱らない

このような叱り方は本人に違うメッセージを与えてしまうことになりかねません。

④ 叱り方に差をつけない

自分ではそのつもりがなくとも、叱られる側は「自分にはきつい」ととかく思いがちです。差をつけないよう意識し、「指摘する」ことに軸足を置くことも必要です。

⑤ 叱ってばかりではなく、たまにはほめる

ほめることがあるから、「叱る」が活きてくるのです。いいことを見つけてほめるのも上司の役目です。ほめられると、ミスや規律違反を自覚するようになるものです。

▶ 61「違うメッセージ」になっていないか

□叱り方の五つのルール

1. ミス・間違いはできるだけ早く指摘、注意する

時間がたってからだと、本人の自覚は薄れる
から、今すぐ注意しよう

2. 指摘しても繰り返すときは、しっかり叱る

「してはいけない」自覚が見えないときは
怒鳴ってもかまわない

3. 他人の前では、これ見よがしに叱らない

「自分は不要な人材」

「自分ばかりが目のかたきに」

「パフォーマンスで点数稼ぎか」

「うさばらしじゃないか？」など
の誤解が生じることもあると知る

4. 人によって、叱り方に差をつけない

「あの人には甘く、わたしにはきつい！」

こういう不満をなくす

5. たまにはほめる

ときには「ほめる」からこそ、「叱る」が効く！

良いことを見つけるのもリーダーの役目

Tips 62 教わり方を教える

指導の基本（8）

指導をするようになると、教わり方のうまい人とそうでない人がよくわかると思います。教えがいのある者には、指導する側もどんどん教えようとしますし、よく伸びるのがわかります。教わり方は、教え方と同様にとても大事なのです。

教わり方を知らない人は大勢います。教わり方を知らない人には、はじめに教えないとなりません。新人なら、入社すぐに指導しておくべきです。あとがずっと楽になりますし、会社と仕事に慣れて自分のスタイルができてしまうと修正が難しくなってしまいます。

教わり方とは、「教わるぞ」という姿勢を示すことを指します。基本は左頁の5つです。

リーダーは、これをしっかりと躾《しつ》けることも仕事と思いましょう。ただし、すでに自分の仕事のスタイルを持った人たちだと、いう通りにはなかなかしてくれません。そのような人たちには、逆に後輩の指導をしてもらう機会をつくり、この「5つの基本」から教えさせるのも1つです。後輩にもその人たちにも、いい効果を生むはずです。

また、このことはリーダーにもいえて、指導する機会が増えても、仕事をしている間は、「ずっと学ぶ、ずっと教わる」という気持ちをもち続けて欲しいものです。

▶ 62 教わり方を教えよう

□「教わり方」の重要性に気づく

・「教わり方」は「教え方」と同様にとても大事と考えよう。
・はじめに「教わり方」を教えよう。自分のスタイルができてしまうと、修正は難しい。

「教わり方」の上手い人はどんどん伸びる！

□「教わり方」の５つのルール

①必ずメモと筆記具を用意してのぞむこと

②教える人の目を見て聞くこと

③理解できているときはうなずくこと

④わからないときは何度も尋ねること

⑤指導を受けたら、「わかりました」など、ひとこと伝える

第6章

《6つ目の道具》上司を動かす技術 編

上司を動かす基本（1）

Tips 63

リーダーの成果の半分は上司が握っている

リーダーになると、自分に課せられた仕事をやり遂げるために、メンバーをいかに動かし、まとめるかにどうしても目がいきがちです。けれども、仕事の結果を出すには、上司といかにいい関係をつくるかも同じくらい重要といえます。

「上司といかにうまくやるか」という見方を持っているかどうかで、あなたの仕事はかわってくるはずです。意識していない人が多いのですが、**上司といかに多くコミュニケーションをとるかで、リーダーの成果の半分は決まってしまう**といえます。

上司にも部下の面倒見のいい上司、悪い上司など、さまざまなタイプの人がいます。どのような上司であれ、こちらからコミュニケーションをとることが肝心です。声をかけられるのを待っていてはいけません。

1つは自分の仕事のイメージと上司のそれとを機会あるごとに、できるだけすり合わせておくことです。自分のイメージからはずれたものは、たとえいい仕事であったとしても、人はスルーしてしまうことが多いのです。もう1つは、抱えている問題点をできるだけ報告、相談することです。この手間と時間を惜しまないことです。

▶ 63「上司といかにうまくやるか」で成果は決まる

□上司ともいい関係をつくろう

こちらから上司に積極的にアプローチする

ここがよく
わから
なくて

結果を出すには、上司といかに
良い関係をつくるかも大事！

上司とコミュニケーションをいかに
たくさんとるかで成果の半分は決まる

声をかけられるのを待っていてはいけない

□「仕事の確認」を中心とした、コミュニケーション手法は２つ

1. 仕事のイメージを合わせよ

そういう
ことか！
GOAL

上司のイメージから
はずれたものは、
成果と認めてもらえない。

2. 問題は抱え込まず、相談せよ

ためらわず、どんどん報告、相談する

Tips

64 「もののいい方」に注意を払う

上司を動かす基本（2）

上司と多くコミュニケーションをとるといっても、まず「もののいい方」ができていることがベースです。自分でよく確認しておくことです。

「もののいい方」がまずければ、ふさわしいいい方を身につけなければなりません。上司が部下の「もののいい方」で鼻につくのは、**「生意気」に聞こえる「もののいい方」**です。左頁の例のような会話をしていないでしょうか。残念ながら、上司がなぜ、むっとしたのか、本人はまるでわかっていないことが多いのです。

「生意気」は若いときの特権です。最初からやたらとまるいのも面白くないですし、仕事ができればある程度は大目に見てくれるでしょう。

しかし、いつまでも大人の会話ができないでいると、上司もそれほどずっとは寛容ではいてくれず、コミュニケーションに支障が出ます。それは、本人のスキルアップの障害にしかならず、会社にとってもプラスとなるものではありません。

早く昇進するような優秀な人でもだいたい30歳くらいまではみんな「生意気」な時期があったはずですが、「生意気」もその年齢くらいまでには卒業しなければなりません。

▶ 64「もののいい方」を知る

□「もののいい方」に気をつける

この前のスピーチ、堂々としていてなかなか良かったじゃないか。常務もほめていたぞ。
自分の中では、70 点ですね。説明が多すぎました。もっと簡潔にできたら、90 点はいけました。
ありがとうございます。緊張してましたし、反省点ばかりです。もっとうまくできるように勉強しておきます。

上司が一番に鼻につくのは、「生意気」に聞こえる言い方。「生意気」を卒業し、大人の会話を身につけよう。

Tips 65

上司の時間を「予約」する

上司を動かす基本（3）

上司とコミュニケーションをとるとは、上司の「時間をとる」ことに他なりません。実際には、これがうまくできない人が多いのです。

いきなり、本題をきり出されても、忙しい上司はけっしていい顔をしません。次からあなたは上司への相談をためらうことになるでしょう。

このことは逆の立場にたてば、よくわかります。次の予定を練っていたり、トラブルの対応策を集中して考えていたりしているときにかぎって、メンバーから相談などが来るものです。

上司の仕事の邪魔をせずに**うまく「時間をとる」ためには、「予約」をすること**です。上司の頭にあるスケジュールのなかに、こちらの相談の時間を空けてもらうよう、書き込んでおいてもらうわけです。

こうして、「予約」をしておけば、上司もそのように予定を立てます。これで、上司とのコミュニケーションはスムーズにいくはずです。上司もアドバイスなどの準備もでき、効率も高まります。

▶ 65「時間の予約」を使いこなせ

□上司とコミュニケーション
＝上司の「時間をとる」

×

先日の○○の件はこの方向でよろしいでしょうか。この点がよくわからないのですが……。

いきなり相談されても、
忙しい上司は対応できない

上司の「時間をとる」ためには、「予約」すること。

あとで、先日の○○の件を見てもらえないでしょうか。13 時 10 分頃はいかがでしょう。

上司の頭のスケジュール表に、
書き込んでおいてもらう。

この一手間が、上司とのコミュニケーション
をスムーズにします。

Tips 66

上司の仕事を知る

上司を動かす基本（4）

上司がどのような仕事を抱え、どのような状況にあるのか、ふつうはほとんどの人がよくわからないと思います。会社の仕事の流れがたいていはそのようになっているからです。上司の仕事を知る機会は限られています。指示を受けたときやミーティング、会議等で知ることがほとんどです。そのようなとき、あえて質問をしてみましょう。

「ほかには、まだどのような仕事があるのでしょう」

「これからどのような仕事が出てきそうでしょうか」

これだけで、上司が選別して話してくれるはずです。いつも情報が得られるかどうかはわかりませんが、たずねてみる価値はあるのです。

また、このことは、逆の立場で応用できます。メンバーにリーダーの仕事を知っておいてもらうことは、とても重要です。機会あるごとにミーティングなどで、たとえば自分たちのチームは何を求められていて何をしなければならないか、そのなかでリーダーには何を課せられているのかを説明します。そうすればメンバーはリーダーや部署全体の仕事の流れを予測するようになり、チームの動きは良くなっていくはずです。

▶ 66 上司の仕事を知ろう

□上司が進めている仕事を知ろう

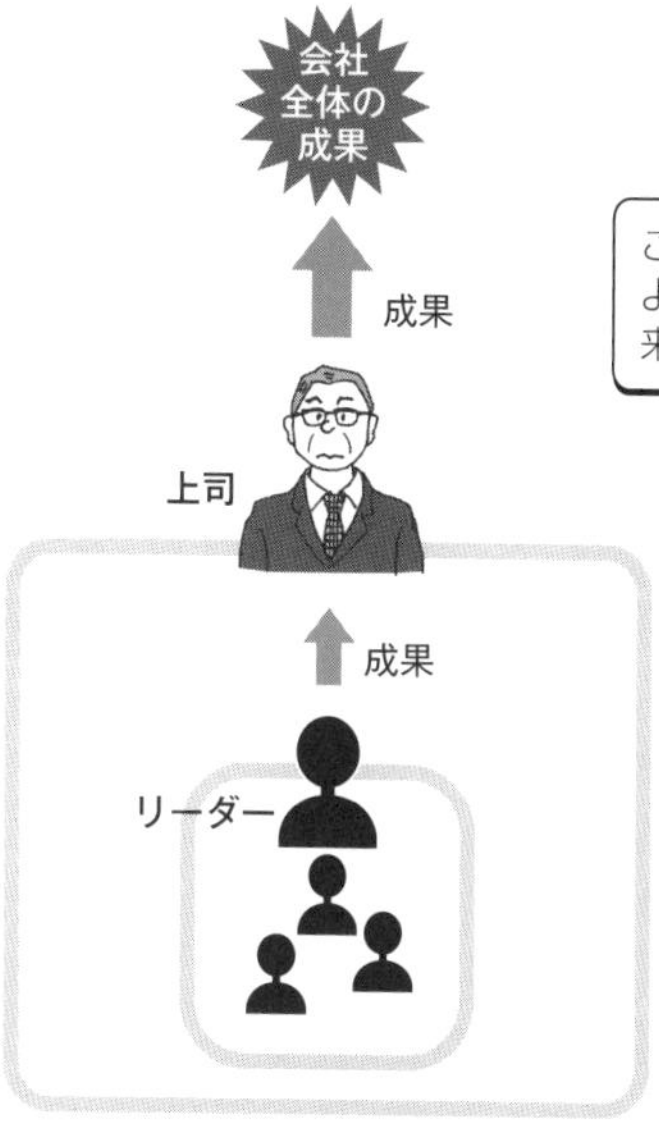
会社
全体の
成果
成果
上司
成果
リーダー

これから、どの
ような仕事が出て
来そうですか？

上司が抱える仕事のなかに
リーダーの仕事がある

↓

上司の仕事を知っておけば
仕事の予測が立ちやすい

□逆の立場で考えると……

来月になると
○○の仕事が
入ってくる
予定だ

リーダーが抱える仕事を
メンバーに知っておいて
もらうことは大事。

↓

リーダーの動きを読んで、行動するチームに

Tips

67

相談して「ストレス」を軽くする

上司を動かす基本（5）

ストレスで潰《つぶ》れてしまう人の多くは、真面目で、責任感が強く、口数が少ない仕事熱心な人です。小さな会社では、それだけ揃えば充分なリーダー候補です。ちゃらんぽらん、いいかげん、よくしゃべるような人はストレスでまず潰れませんが、リーダーにもなれません。したがって、リーダーになったら覚悟して、ストレスとつき合う方法を身につけるしかありません。ここでは簡単で役に立つ、2つの方法を頭に入れておきます。

1つは、**「引きずらないこと」**です。いったん仕事を離れたら、忘れてしまうのです。リーダーは舞台の「役」にすぎないと思って、舞台を降りたら違う人になりましょう。

四六時中、仕事のことだけを考えて成功した人の話がよくありますが、そういう人はもともとストレスに強い人です。そんなことはやめて、仕事を離れたら、極端にいえば「テキトーな人」になってもかまいません。ストレスで潰れるより、ずっとましです。

もう1つは、**相談できる相手をつくっておくこと**です。その第一候補が上司で、ふだんのちょっとしたことから相談しておくことです。上司は直属でもその上でもかまいません。上司に相談する習慣を持つことが、本当にいき詰まったときに役に立つはずです。

▶ 67 絶対にストレスで潰れてはいけない

□リーダーという仕事はストレスでいっぱい

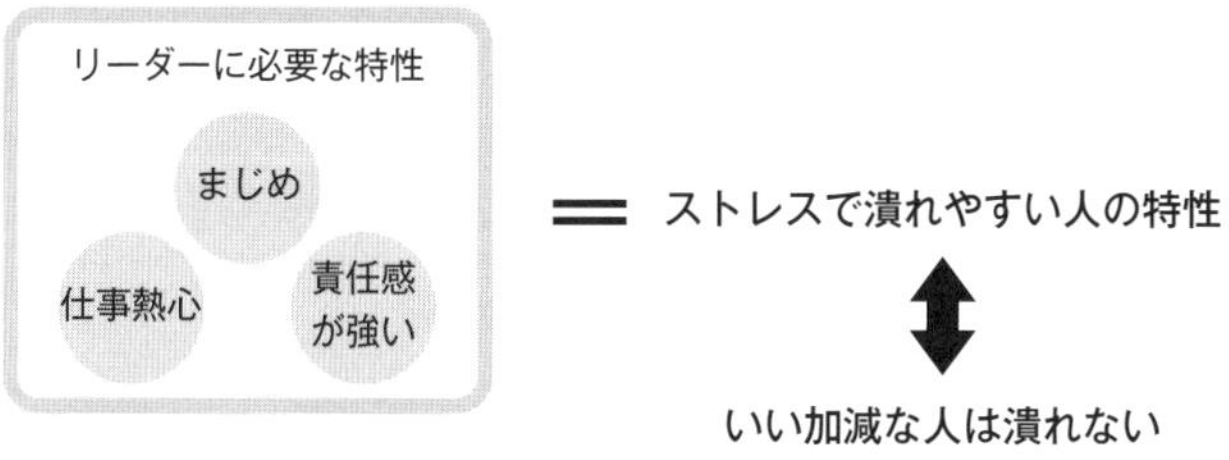
リーダーに必要な特性
まじめ
仕事熱心
責任感が強い
＝ ストレスで潰れやすい人の特性
いい加減な人は潰れない

・ひとりで黙々と働いていたときの方が気は楽だったが……
・でも、人を動かせば、ずっと大きな仕事、質の違う仕事ができる
・やりがいのある分、ストレスも大きいのが会社の仕事だ

いかにストレスとつき合うかが大事！

□ストレスとつき合うための２つの対策

1. 引きずらないこと

仕事を離れたら、「テキトー」な人になる

2. 相談できる相手をつくる

上司が一番の候補。
ふだんのなんでもないことから相談に乗ってもらっておこう！

Tips
68
出口を見つけておく

上司を動かす基本（6）

まじめな人はがんばります。がんばると期待されます。期待されると余計にがんばります。もちろん、これはいいことですが、そのためにどんどん労働時間が長くなってしまう職場があります。長時間労働が常態化し、そこから抜けることができずに身体や心をこわしてしまったりします。仕事をある程度でおさめると期待をうらぎることになると考えてしまい、自分からは打ちきれないので、身体や心がギブアップしてしまうわけです。

この悪い循環から抜け出すために、ふだんから出口をつくっておくことを心がけるのです。

その**出口の1つが「相談できる人」**です。前述したように上司が「相談できる人」になれば、心強いといえます。

ただし、長時間労働を見て見ぬ振りをしていたり、相談しても何もアクションを起こさないような上司もいます。そのような場合は、小さな会社だと総務が別の選択肢の筆頭となります。総務部長や課長とふだんから、ささいなことでもいいので相談をしておくようにしましょう。

▶ 68 ストレスの悪循環から抜け出す「出口」

□悪い循環におちいらない

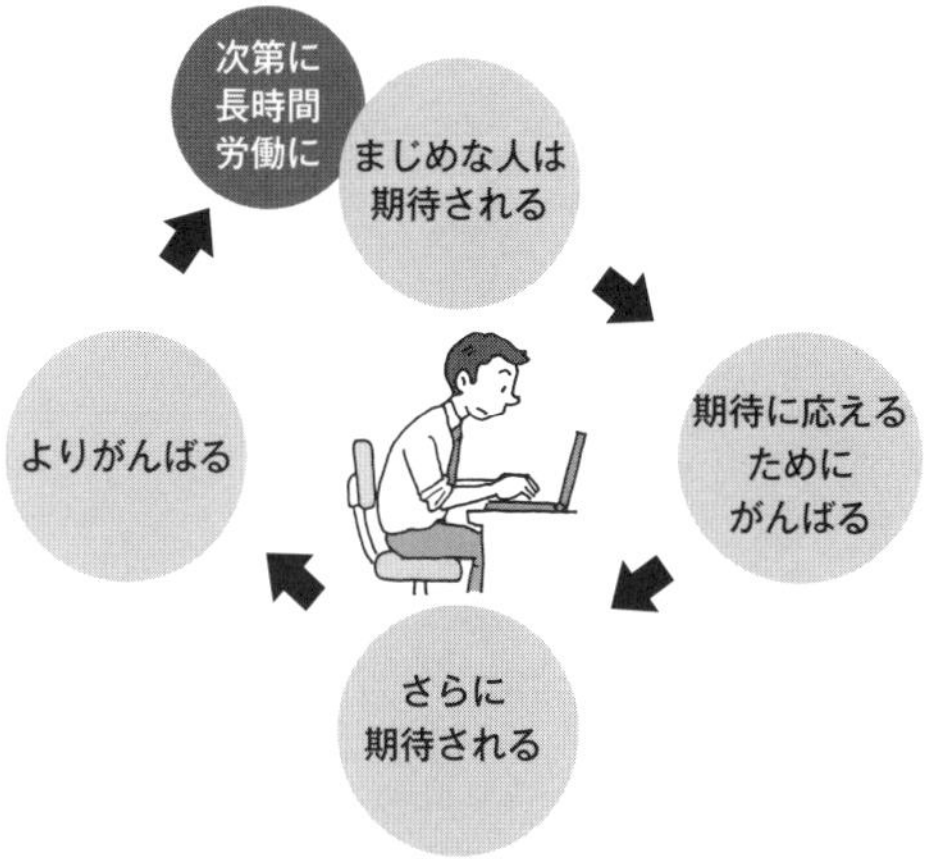
次第に
長時間
労働に
まじめな人は
期待される
期待に応える
ために
がんばる
さらに
期待される
よりがんばる

□「出口」を見つけておこう

長時間労働もときには必要だが

↓

常態化し、身体や精神を壊しては絶対にいけない！

↓

悪い循環から抜け出す

↓

相談できる人（出口）
を見つけておく

同僚や先輩
直接の上司
間接の上司
総務

非常口

第7章

《7つ目の道具》チームをまとめる技術 編

Tips

69

チームを意識する

1人以上のメンバーを抱えると、チームリーダーとしての立場が求められるため、とまどう人も少なくありません。

リーダーになると、今までは、自分の仕事だけを考えて黙々とやっていれば良かったのですが、これからは、**メンバーのことも考えないとなりません。**

メンバーのことも考えるとは、メンバーに何をしてもらい、どう動いてもらうかということと、メンバーがする仕事は自分の仕事、メンバーの結果は自分の結果として考えないとならないということです。

その意味で役割は、これまでと大きく様変わりです。不安になる人もいるかもしれませんが、心配することはありません。

チームをまとめるとき、左の**「7つのコツ」**を意識します。

「チームの責任者」として、ポジションがハッキリしてきてチーム全体の成果を意識するようになったときなど、チェックしてみてください。

▶ 69 チームをまとめるという仕事

□チームをまとめる７つの基本

メンバーに
どう動いて
もらうか
チームの
成績をいかに
上げるか

リーダーになったら
チームやメンバーのことを
第一に考えよう！

次は、「チームをまとめる７つの基本」を確認しよう！

① 「のぼり」を立てる

② 「守備範囲」を知る

③ 「状況はつくるもの」と考える

④ 「チームの役割」を理解する

⑤ 「チームの戦力」を知る

⑥ 困った部下を持ったら

⑦ 恐れるな ドキドキして行け

Tips
70 「のぼり」を立てよう
チームをまとめるコツ(1)

リーダーになると、城とまではいきませんが、一応、自分の砦《とりで》くらいは持つようになったと考えてみましょう。砦の主《あるじ》ですから、まわりがよく見えますが、同時に周囲からもよく見られることになります。

もちろん、それがうっとうしい、重荷になるという人もいるかもしれませんが、逆にもっと注目されることで、仕事をやりやすくできるかもしれないのです。

自分の砦には、「のぼり」を立てます。「のぼり」とは、よくドラマなどで戦国武将が立てている旗のことで、自分たちは何者かを示しています。

もちろん実際に旗を掲げるわけではありませんが、自分のチームは何者かをリーダーは示します。つまり、**自分のチームが任されている仕事は何か、範囲はどこまでか、何をなさなければならないか、何を求められているかを示すだけ**です。

「そんなことは、皆わかっている」と思うかもしれませんが、はっきりと言葉にすることで、**チームの仕事がやりやすくなり、チームがまとまるしかけ**なのです。

▶ 70 うちのチームは○○するのが役目

□チームの役目を知らせよう

チームの役目は何か、「のぼり」を立てて、
メンバーと周囲に発信しよう！

役目を
「見える化」
する

うちの
部隊の
役目は…
計画完遂

たとえば、
「メンバーが作業分担して、
日々の計画をぬかりなく、
やりきること」
がチームの「のぼり」だ

⬇

役目がわかるとメンバーは
自発的に動くようになる！

□「のぼり」を立てたら……

① チーム内に徹底しよう！ ➡ ミーティングなどを使って、繰り返し伝える

② 周囲に発信しよう！ ➡ まわりのチームや他部署、上司や会社に、知らせる
または目標などを管理するなら、目標シートに書き込む

Tips
71 「のぼり」を使って人を動かす
チームをまとめるコツ（2）

さっそく「のぼり」を活用します。たとえば、夕方に作業のヤマ場が来る場合、そこをうまく乗りきらないと、あなたの班は残業になってしまうとします。メンバー全員が夕方のヤマ場に集中してできるよう、リーダーは朝のミーティングで、A班の今日一番の役割と今日のヤマ場、そのための段取りをメンバーに伝えます。**今日の「のぼり」をあげるわけ**です。

「われわれがやるべきことは、全員で今日の計画を予定通り、夕方5時までにやり遂げることです。4時以降が作業のヤマ場になり、全員で手際よくとりかからないと、残業になってしまいます。この程度の作業なら残業には絶対にしないのがうちのチームです。それまでに個々の仕事を確実に終わらせておいてください。午前中の作業にかかる前に、それぞれ段取りをしっかり確認してください。では、各自事故に気をつけて、自分の持分をしっかりやり遂げることに全力であたりましょう」

また、今日のとり組み予定と4時くらいから忙しくなることを他班や他部署にも伝えておけば、相手もそのような段取りをし、無用なトラブルの回避ともなります。

▶ 71「のぼり」の活用と守備範囲

□ミーティングで「のぼり」を伝える

○○業務は
3時までに
終わらせよう

1日のスタートで
チームの今日の予定を
伝えたら
「のぼり」を必ず伝えよう

□「のぼり」を立てるときの留意点

1. 上司とチームの守備範囲を確認すること

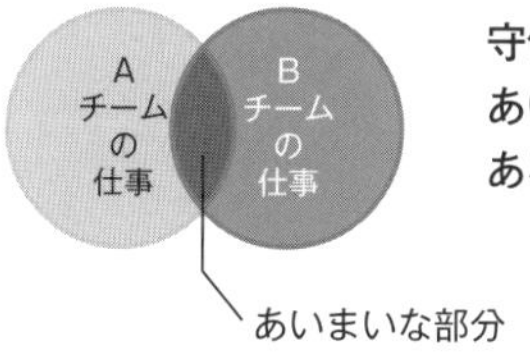
A
チーム
の
仕事
B
チーム
の
仕事
あいまいな部分

守備範囲には
あいまいな部分も
あることも理解しよう

2. その場合に自分が考える チームの業務を書き出しておく

チームの守備範囲

① 受発注業務
- 受注入力
- 電話応対
- 在庫確認
…

Tips

72

状況をつくるのもリーダーの仕事

チームをまとめるコツ（3）

リーダーに限ったことではありませんが、自分の仕事をスムーズに進める上で「状況をつくる」ことはとても大切です。この考え方を持つことができるかどうかで、会社でのあなたの値打ちが決まるといっても過言ではなく、ましてリーダーであれば、なおさらです。「状況をつくる」ことができないと、仕事が進まない、メンバーがついてこないからです。したがってリーダーを任せるときに、「状況をつくる」考えを持っているかどうかを会社は判断して、決めていることが多いのです。

「状況をつくる」とは、たとえばよくある話ですが、次のような例がわかりやすいと思います。

生産部のA班のリーダーであるYさんは、今日も文句をぶつぶつといっています。

「まったく、営業が急に仕事を突っ込むから予定がくるって、こっちは残業になっちまうんだ。午前中に持ってくれれば、まだ手が空いてたのに。まったく、いつもそっちの都合ばかりなのだから」

Yさんは営業に振りまわされていると感じて、愚痴をこぼしています。どうも、毎日のことのようで、班のメンバーからも「営業に予定を守るようにいってくれ」と文句をいわれています。問題はどうやら仕事量が多いのではなく、短納期の仕事が一度に来て重なってしまうことのようです。もう少し予定が立てられれば、段取りが組めて、それほど問題にはならないようです。

主にA班に持ってくるのは、経験の浅い営業担当です。以前の営業担当はベテランで、そのようなことはほとんどありませんでした。

「まったく、今度の担当はしょうがないな。その点、B班はいいよな。担当の経験は同様に浅いが、気配りが違うよ」とYさんの愚痴は続きます。

それに対して、B班のリーダーはYさんと同期のFさんですが、Yさんのような愚痴はこぼしていませんし、段取りよく進めています。

A班との違いを見てみますと、Fさんは頻繁に営業部へいき、予定にかかわる情報を自分から聞いてきているのと、B班の営業担当ともよく打ち合わせをしています。

要するにFさんは、できるだけ急な作業にならないよう、また手すきの時間を埋めるために、**自分の方からも予定を確認しにいっている**のです。だから、振りまわされる度合いが少ないといえます。

一方、Yさんは営業が持ってくる予定に対してあくまで「受け身」の姿勢なのです。

このYさんとFさんの姿勢の違いはどこにあるかといえば、Fさんは自分の役割を果たすためにつまり、自分の仕事を少しでもスムーズに進めるために、自分からやりやすい状況をつくろうとしているかどうかにあるといえます。そのためにFさんは、「これは営業がうまく段取りするもの」というように決めつけませんし、けっして相手任せにしません。

Fさんは、**自分の仕事をやりやすいように、「状況をつくることも仕事」**と考えています。また、「仕事をやらされている」という意識は持っていないに違いありません。

Fさんのようなタイプは、どのような状況になっても、どこを任されても、自分から前向きに仕事ができる人です。人が集まってひとつの仕事を成す会社という組織では、絶対に必要な人材といえます。

立てた「のぼり」をやり遂げるには、自分からやりやすい状態をつくるのは当たり前、やり繰りして、なんとしてでもやり通すのがプロフェッショナルなリーダーとFさんは考えているわけです。

▶ 72 2人のリーダー

□状況はつくるもの

×

まったく、
営業が急に仕事を
突っ込むから、
こっちは残業ばかり。
営業担当はしょうがないな。
その点B班はいいよな。
気配りが違う。

営業が持ってくる
仕事に対してあくまで受身の姿勢

○

うちのチームの
仕事について、
知ってもらった
ほうがいいな
営業担当から
段取りを確認した
ほうがいいな。

自ら営業部によく足を運んで、
情報収集や打ち合わせをし、
チームの仕事の状況をつくっている

Tips 73

チームの役割を理解する

チームをまとめるコツ（4）

「会社や上司からの指示にしたがって対応をする」

「顧客の要望に的確に応える」

「得意先の担当者からの依頼内容を正確に理解し返答する」

これらは仕事の基本です。

相手の要望に対して、いくら一生懸命に時間を費やしたとしても、相手が求めているものに応えていなければ、残念ながら仕事をしたことにはなりません。

相手が求めているものに対応することが、仕事をしたといえる最低限の条件なのです。

その上で、そのために汗をかいて努力したことや、プラスαのことに価値があるのです。

同様に、大きな意味、根本的な意味での「リーダーとしての役割」を理解することも、大切なことです。このことをもう少しわかりやすく説明します。

役割を理解するとは、会社や上司がリーダーとしてのあなたに、そもそもどんなことを期待しているかです。もちろん、会社によって違いますし、時と場合によって変わります。

たとえば、次のようなことです。

「リーダーの仕事は、チームをまとめて、つねにチームの力を最大限発揮できるように保ち、日々の計画をなんとしてでもやり遂げることです。そこに全力を注いでください。ただし、そのためには現場の問題を放置していてはいけません。メンバーの意見を吸い上げる努力をしないとチームの力は高まりません」

あるいは次のような会社もあるかもしれません。

「リーダーに期待しているのは、わが社の儲けの一番の基礎となる、チームづくりです。どんなに営業が頑張っていい仕事をとってきても、現場のチームの仕事がそれに応えていなければ、利益は出ないし、お客さまも離れていきます。

そのためには、メンバーひとりひとりの仕事への姿勢が大事です。それぞれの仕事の値打ちを決めるのは、上司はもちろんのこと、会社でもありません。まして、自分自身でもありません。その仕事の値打ちを決めるのはお客さまです。

したがって、ひとりひとりがお客さまの方を向いて仕事をしなければなりません。現場で何か決めなければならないときに、メンバー各人がお客さまを第一に考えて判断し決定している、そのようなチームをつくって欲しいのです」

リーダーがこのような役割を期待されているとしたら、リーダーは日々の計画をこなすのはもちろんのこと、日々の仕事を進めるなかで、メンバーの意識改革を実現していかないとならないかもしれません。有能なリーダーなら、毎日のミーティングなどで、ことあるごとに、次のようにいうでしょう。

「どうすれば、もっとお客さまの要望にこたえられるかを考えて、今日もそれぞれの作業を予定通り確実に終わらせよう。たとえ、わずかでもより正確に、より早く、よりやりやすくなれば、それはお客さまの満足につながります。自分の作業はもちろん、チーム全体の仕事がそうなるよう、ささいなことでも気がついたことはどしどし提案してください」

毎日、目の前の仕事に追われているリーダーにとっては、根本的な役割などになかなか目が向かないかもしれません。

しかし、日々の苦労が報われるかどうかは、日々の仕事を方向付けする、この大もとといえる役割を正確に理解しているかどうかにあるのです。

リーダーは「のぼりを立てる」ときに、**自分のほんとうの役割を確認し、理解しておきたいもの**です。

▶ 73 本当の役割

□仕事の基本に立ち返る

仕事の基本とは…

相手の要望に応えてこそ、
仕事をしたということ

↓

その上で、努力や気が利いたプラスαに価値がある

返答が的はずれ
だと、いくら
努力をしても
意味がない。

□会社が求めているリーダーの役割は？

日々の予定を
確実に
やり遂げること

メンバーの
意見を吸い上げ、
問題解決
すること

お客様を
第一に考えた
チームづくり

このチームの
本当の役割は
何か？

Tips
74
チームの戦力を知っておく
チームをまとめるコツ（5）

自分のチームに何ができて、どれくらいの力量があるか、チームの戦力を知っておくことはリーダーの大事な役目です。戦力を知らずして、戦いに勝つことはできません。おおよそでいいので、普段からそのような観点でチームを見ておくことが大事です。

このとき、知っておきたい原則があります。

それは、1つの仕事をチームのメンバーで分担して行う場合、チームの力は最も低い力量の人でたいていは決まってしまうということです。**「チームの力＝最も低い力量の人の力」**となります。

これをボトルネック（ビンの首）といい、いくら力のある人がいても、水が出る量はビンの一番細い部分にしたがうというわけです。

ボトルネックの理屈は、工場のライン作業や販売の受注から出荷までの一連の作業、工事の現場など、業務分担を行って1つのことを成し遂げる仕事ならすべてに当てはまります。

したがって、リーダーが現場の実務に長《た》けていて、いくら引っ張っていこうとしても、底上げの努力をしない限りチームの力は増しません。

チームの戦力を上げようとする場合、大別すると2つの方法があります。**メンバーの「専門化」と「多能化」**です。

専門化とは、各人が1つの作業工程などに特化して熟練し、極めていくことをいいます。スピード、知識、イレギュラー対応力、応用力を高めていきます。知識や技能が深まることにより、本人もやりがいにつながります。

ただ、他のことには疎《うと》くなりがちですので、他の仕事への応用が利かなくなる、他の人との連携が悪くなるなどのマイナス面も考えられます。

それに対してもう一方の多能化とは、1つだけでなく、なんでもこなせるよう、さまざまなパートや作業工程を幅広く、ひと通り任せられるようにすることをいいます。

通常、担当業務のローテーションなどを定期的に行ったりしますが、言葉でいうほど簡単ではありません。

そもそも、大半の人は新しい仕事を覚えることよりも慣れた仕事を続ける方を好みます。はじめての仕事は、また一から覚えなければなりませんし、ミスもしがちです。わざわざ、そのような苦労やリスクをとりたくはないのです。

したがって、放っておくと多能化は進まないことになります。つまり、多能化をはかるのはリーダーでしかなく、その手腕にかかっているといえます。

専門化をはかるべきか、多能化を進めるべきかは、チームが置かれた状況とメンバーの特性によることになります。

普通は両方が必要で、バランスよく進めることが求められます。

仮にメンバーが5人とすると、適性を見て、2人は専門化を、あとの3人は多能化をめざすという具合です。

ただし、小さな会社では人員に余裕がありませんので、ひとり欠けたらその仕事が滞ってしまう状態は避けなければなりません。誰もがなんでもできるのが理想で、基本は多能化にウェイトを置くこととなります。その成否を握るリーダーの役割はたいへん大きいのです。

▶ 74 チームの戦力を知る

□チームの戦力を知らずして、戦いは勝てない

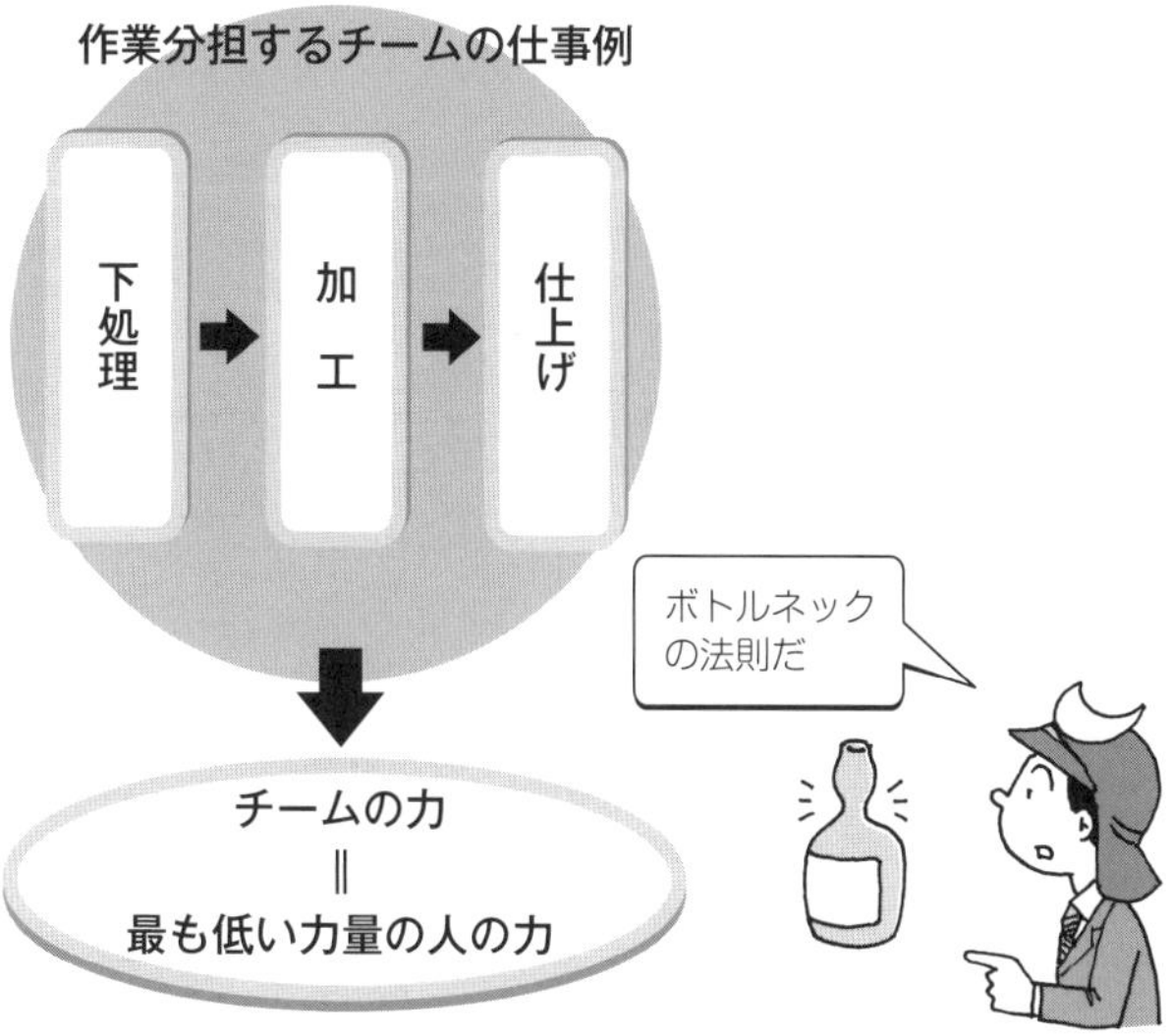
作業分担するチームの仕事例
下処理
加工
仕上げ
チームの力
‖
最も低い力量の人の力
ボトルネックの法則だ

□チームの戦力を高めるには２つの方法がある

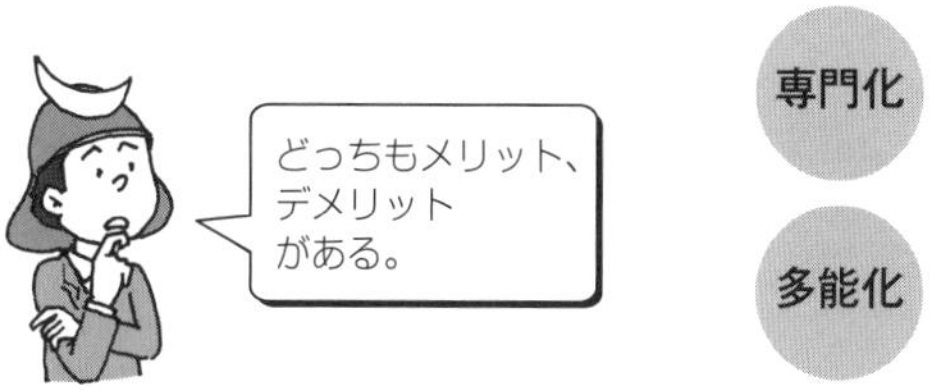
どっちもメリット、デメリットがある。
専門化
多能化

Tips
75
メンバーのことはふだんから相談しておく
チームをまとめるコツ（6）

「上司は選べない」とよくいいますが、実はたいてい「部下も選べない」のです。

たいていの人は、いいところもあれば、大きな欠点もあり、できることもあれば、はしにも棒にもかからないところがあったりするものなのです。それを**うまく補い合って、仕事をまわすのがリーダーの役目**です。ですから、ある程度のことは我慢しなければなりませんし、時間も手間もかけて指導をしていかないとなりません。

けれども、限度もあります。ほんとうにとんでもない人であった場合、あなただけが抱え込む必要もありません。その場合は、リーダーが対処できる問題ではなくなります。上司や会社に委《ゆだ》ねないとなりません。

ただ、相談する場合、どのような状況か、どのようなことがあったのか、事実を説明することが肝心です。あなたの考えや感情ばかりを述べてはいけません。

また、問題を直属の上司がいつまでもとり合ってくれない場合は、その上の上司や総務や人事担当者などに申し出ないとなりません。

▶ 75 理想のメンバーはそろわない？

□理想のメンバーがそろうことはない

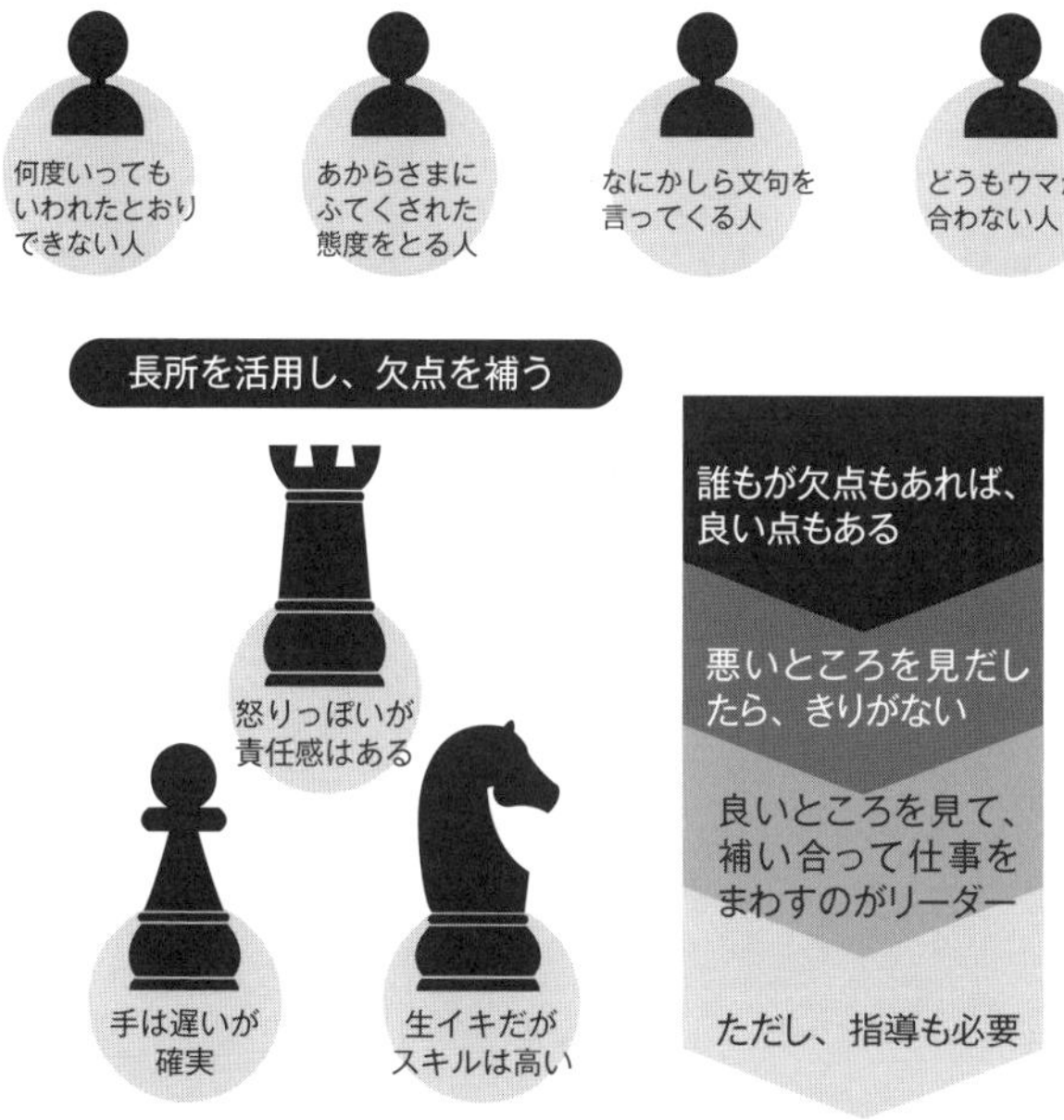
何度いっても
いわれたとおり
できない人
あからさまに
ふてくされた
態度をとる人
なにかしら文句を
言ってくる人
どうもウマが
合わない人
長所を活用し、欠点を補う
怒りっぽいが
責任感はある
手は遅いが
確実
生イキだが
スキルは高い
誰もが欠点もあれば、
良い点もある
悪いところを見だし
たら、きりがない
良いところを見て、
補い合って仕事を
まわすのがリーダー
ただし、指導も必要

チームの問題をリーダーだけが抱え込んではいけない

↓

チームの状況はふだんから上司や総務に伝えておこう

↓

どうしても手に負えなくなったら、上司や会社に任せよう

Tips 76 やっかいなメンバーを任されたら
チームをまとめるコツ（7）

あなたがもっともやっかいに思うのは、おそらく素直にいうことを聞かないメンバーで、「だから、リーダーなんかになりたくなかったんだ」と、あなたにいわせかねない人たちです。

でも、このような人たちへの対処方法には原則があり、うまく乗りきれば、チーム力はグンとアップしたりします。また、何よりもあなた自身が大きく成長することでしょう。

人は誰もが認めて欲しいものですが、このような人たちはより一層、自分の力量を認めて欲しいと思っているものです。したがって、はなから顔を合わさないよう避けたり、逆にけんか腰になってはいけません。相手はそれなりの力があり、プライドがあるがゆえに、あなたに対して素直じゃなかったり、反抗的なのです。

よって、**まずは相手の力量を認めること**です。認めるというのは、思っているだけではダメです。機会あるごとに、意見を聞いたりして、言葉と態度で示すことが必要です。また、できればミーティングなどの機会に他のメンバーの前で認めるようにすることです。

あたまをきり換えて広い視野を持ち、戦力として相手の力を引き出すことを考えましょう。その1つの方法が相手を知る、長所を見つける、認めることなのです。

▶ 76 頭をきり換えよう

□あなたに「リーダーなんかになりたくなかったんだ」と言わせかねないメンバー

勤務も長かったり、専門的な知識や機能もリーダーより優れていて、素直に指示に従おうとしないタイプ

自分の方がリーダーにふさわしいと考えている風で、なにかと反抗的な口を利くタイプ

やってられねえな
フン

知らねえよ

問題はあるが、もともとそれなりの力量がある　＝ プライドがある

↓

チームの戦力としてひそかに力を引き出すか　＝ 頭を切り換える

↓

まずは相手の力量を認めよう

↓

認めることは口に出す、態度で示さないとダメ
＝
ときどき意見を聞く、ミーティングで認める

ペラペラ
なるほど！
そういうことか

Tips 77

ダメもとで思いきってリーダーになりきる

チームをまとめるコツ（8）

会社は、役割分担で成り立っています。会社という組織のなかで、どのような役割を受け持つかは重要です。通常、役割はその人の力量とともに変わっていきます。

会社の役割とは部屋のようなもので、1つのドアを開けて次の部屋へ入ると役割の質が大きく変わってしまうことがあります。そのような重いドアが、会社には3つくらいあります。リーダーのドア、管理職のドア、経営のドアです。いずれのドアの場合もこれまでの仕事の延長線上にあるのではなく、入ってみなければどのような仕事が待っているのか、わかりません。

もし、新しい部屋に入ってみて自分に合わなかったら、それはそれで少し勇気がいるでしょうが、出ていくこともできます。リーダーが合わないのなら、リーダーを降りればいいのです。

したがって最後に身につけたいコツは、リーダーになったのなら、ダメもとで思いきってやってみるということです。若いうちなら、失うものは何もないはずです。**「恐れるな、ドキドキしていけ」**です。

▶ 77 恐れるな、ドキドキしていけ

□役割は力量とともに変わる

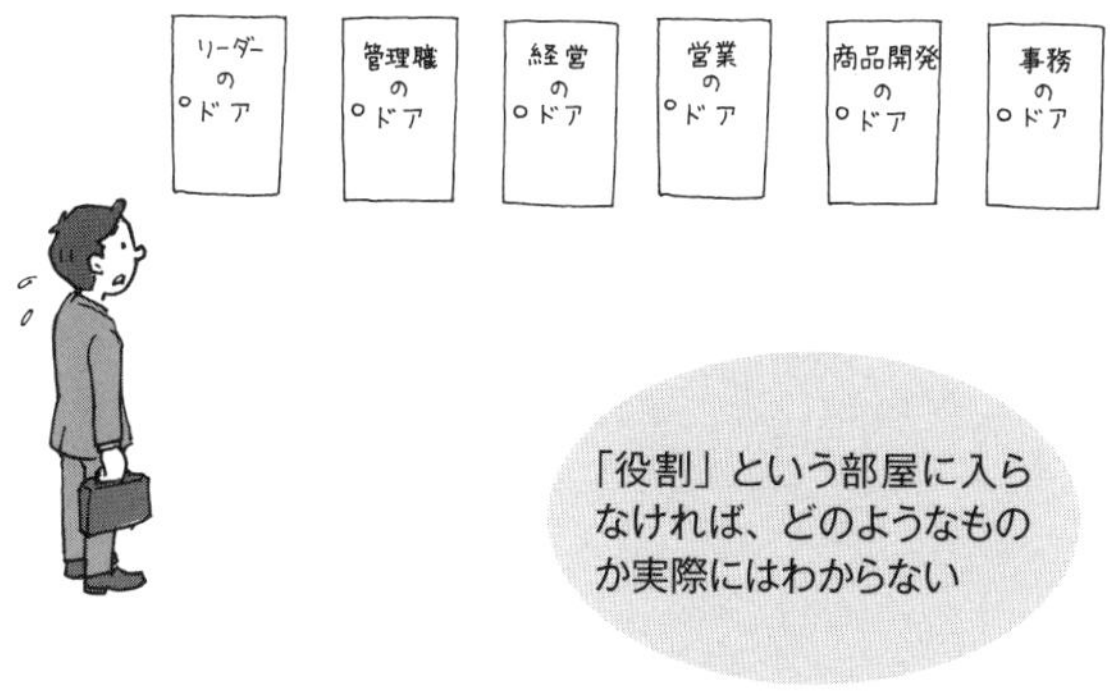
リーダーのドア
管理職のドア
経営のドア
営業のドア
商品開発のドア
事務のドア
「役割」という部屋に入らなければ、どのようなものか実際にはわからない

チャレンジしてみるか
リーダーのドア
管理職のドア
経営のドア
会社には重いドアが3つある

失うものはなにもないと思えば
「ドキドキしていけ！」だ

著者
黒川勇二（くろかわ・ゆうじ）
株式会社イーティパーソナルセンター代表取締役社長
昭和28年生まれ。武蔵野美術大学修士課程卒業。異色の人事コンサルタント。グループ会計事務所の顧問先におけるコンピューター給与システム等への関与から賃金・人事の相談にかかわるが、バブル期の人材不足を中心とする「人の問題」の急激な増加とともに、平成3年に賃金・人事専門のコンサルティング会社㈱イーティパーソナルセンターを設立。また平成5年には、全国的な人事・労務の指導機関である日本人事総研グループの設立にも当初から関わり、加盟ののち現在に至る。特に大手企業とは異なる中小・中堅企業の実情に合った独自の視点と論理的でわかりやすい、ていねいな指導に定評があり、制度（しくみ）の策定と運用を中心としたコンサルティングに業種、業態、規模を問わず多数の実績がある。
また各商工会議所、銀行、工業会、ロータリークラブ、ライオンズクラブなどの講演活動および銀行等の刊行物の執筆に従事する。著書に「わが輩はぜんまい仕掛けのトリケラトプス—会社の仕事と成果のはなし—」（文芸社）、「はじめての賃金管理100問100答」（明日香出版社）、「はじめての人事考課100問100答」（明日香出版社）、「一人前社員の新ルール」（明日香出版社）、「やっぱり、人事が大事！」（明日香出版社）などがある。

不安・苦手ゼロ！
人を使うのが上手な人のリーダー（上司）のワザ

2015年 6月22日 初版発行
2023年12月 8日 第19刷発行

著者　黒川勇二
発行者　石野栄一
発行　明日香出版社
〒112-0005 東京都文京区水道2-11-5
電話 03-5395-7650
https://www.asuka-g.co.jp
印刷　株式会社フクイン
製本　根本製本株式会社

ISBN978-4-7569-1777-5

絶対に残業しない人の時短（しごと）のワザ

伊庭　正康

著者はリクルート在籍時代、残業しないで実績を上げ、全国トップ表彰をされていたが、そのとき実際に実践していた時短テクニックを紹介。「コミュニケーションの取り方」「目標達成法」「稟議・根回し」「文書作成」など、明日からでもできるものを選りすぐり紹介しています。

本体価格 1500 円＋税　B6 並製　200 ページ
ISBN978-4-7569-1754-6 2015/02 発行

伝達力・実績ＵＰ！
仕事の評価がグングン上がる人の報・連・相のワザ

平松　直起

仕事の実力はあるのに、報・連・相がたらず、損をしている社員は多い。上司・同僚の連携をスムーズにし、仕事をすすめていくためにも、報・連・相が必要だ。過不足なく報・連・相するには、どのような伝達法で伝え、どう手順を踏んでいくのか。メールや報告書の書き方などにも触れることで、話力だけでなく伝達力も上がる。

本体価格 1400 円＋税　B6 並製　200 ページ
ISBN978-4-7569-1775-1　2015/05 発行